T0165616

DE LO COMÚN
A LO NECESARIO

DE LO COMÚN A LO NECESARIO

Maribel Ayala

Copyright © 2013 por Maribel Ayala.

Número de Control de la Biblioteca del Congreso de EE. UU.:   2013907626
ISBN: Tapa Dura   978-1-4633-5650-7
                   Tapa Blanda   978-1-4633-5651-4
                   Libro Electrónico   978-1-4633-5652-1

Todos los derechos reservados. Ninguna parte de este libro puede ser reproducida o transmitida de cualquier forma o por cualquier medio, electrónico o mecánico, incluyendo fotocopia, grabación, o por cualquier sistema de almacenamiento y recuperación, sin permiso escrito del propietario del copyright.

Las opiniones expresadas en este trabajo son exclusivas del autor y no reflejan necesariamente las opiniones del editor. La editorial se exime de cualquier responsabilidad derivada de las mismas.

Los textos Bíblicos han sido tomados de la versión Reina -Valera © 1960.

Este libro fue impreso en los Estados Unidos de América.

Para pedidos e invitaciones, contacte a la Pastora Maribel Ayala:
ayalamaribel@ymail.com
mcaracinc2005@gmail.com

Fecha de revisión: 03/09/2013

Para realizar pedidos de este libro, contacte con:
Palibrio LLC
1663 Liberty Drive
Suite 200
Bloomington, IN 47403
Gratis desde EE. UU. al 877.407.5847
Gratis desde México al 01.800.288.2243
Gratis desde España al 900.866.949
Desde otro país al +1.812.671.9757
Fax: 01.812.355.1576
ventas@palibrio.com
439086

ÍNDICE

Dedicado a:

_____

_____

Por:

_____

_____

Fecha:

_____

De lo Común a lo Necesario

Agradecimientos

El fundamento de este libro lo es el Espíritu Santo de Dios; has sido mi guía. A ti Dios, estás pasao ... no puedo describir la emoción que hay en mi corazón al tenerte. A ti mi Señor Jesús, has cambiado mi lamento en baile, soy libre de toda opresión, tu me has enseñado lo que realmente es amar y vivir plenamente, te amo. Los amo ... gracias.

Este libro está dedicado a mi hermosa familia: mi esposo Esteban De Jesús, mis hijos Dariel, Daniel, Luis A. y Ángela Marie. Todos apoyaron incondicionalmente el sueño que Dios sembró en mi corazón. Fuimos llamados por Dios como una familia para el cumplimiento de su propósito en el servicio al mundo para este tiempo. Agradezco a mis mentores espirituales, el evangelista internacional Daniel Jiménez y a su esposa la profeta Sandra Rivera, siervos de Dios que saben compartir su pan. A mis padres espirituales y pastores Daniel Villegas y Emmanuel Candelaria del ministerio cristiano Casa del Rey en Guaynabo, ambos con su amor, cobertura, respeto, confiabilidad y transparencia han sabido nutrirnos. A Miguel Díaz de MD Productions Digital y a su esposa Lourdes Salabarrías son espectaculares. Ambos son dos joyas preciosas de gran valor y visión en el Ministerio de Cristo, no tengo palabras para agradecerles todo el trabajo que han realizado para el ministerio Alfolí de Restauración Aliento del Cielo. Por favor nunca dejen de sonreír. Ambos son personas que saben amar a su prójimo como así mismos. A mis padres Ángel Pablo Ayala y Hortencia Pérez (doña Chin), la fortaleza de carácter y el empeño para lograr mis metas lo aprendí de ustedes, han sabido criarme y apoyarme. Los amo. Ángel Pablo, Virgen Milagros y Leticia, mis amados hermanos, los bendigo. A todos los que de una manera u otra sirvieron en la realización de esta producción mil gracias se les ama un montón.

Prólogo

He tenido la experiencia de recorrer por el camino del cristianismo a lo largo de mi vida. Desde muy temprana edad comencé a cuestionarme sobre las diferentes etapas de crecimiento y desarrollo en el área espiritual. Tuve la formación de una educación cristiana por parte de una abuela muy dinámica protestante, una madre católica y una herencia por parte de padre en el área del espiritismo y la hechicería. De todas las rutas por las que caminé, tuve por decisión tomar la vía del cristianismo teniendo a un solo Dios llamado Jehová. El cuál hasta ahora me ha enseñado por medio de la guianza de su Espíritu Santo el camino de la verdad.

Dios y Jesús vinieron a ser mi sentido de vida y la fuente de amor que han permanecido en mi corazón luego de haber aceptando la salvación de la impiedad y de las pasiones de este mundo. En todo este caminar siempre he visto como muchas personas mueren con sus grandes y poderosos sueños de realizar algo por la humanidad. En ocasiones algunos individuos simplemente aceptan la derrota sin intentar establecer lo que les apasiona. Analizando todas mis experiencias he llegado a la conclusión de que siempre ha existido alguna ejecución de un impedimento por parte de una (s) persona (s) para la realización del mismo. No me refiero a que la persona que tiene el sueño o meta ponga su propio impedimento, estoy hablando de un agente externo humano que no permite establecer el desarrollo de ese propósito.

Puede ser que el maligno, Satanás, tenga alguna parte en esto, actuando como un destructor utilizando a hombres y mujeres como instrumentos para impedir la realización del sueño. Pero hay que ver que parte le toca al mal y que parte le toca al hombre. Es ahí donde siempre me he cuestionado ¿Por qué el ser humano se interpone ante la soberanía de Dios, estableciéndose como un dios y tratando de aniquilar cualquier sueño que Dios ha puesto en la vida de cada individuo?

No voy a contestar esta pregunta ahora, pero se que al final de la lectura de este libro podrás encontrar la contestación correcta y de una forma objetiva. El ser humano posee grandes cualidades para realizar cambios permanentes y duraderos en el mundo. Y para eso es indispensable ocuparse solamente en aquello que es necesario. Lo necesario varia de acuerdo al llamamiento de Dios para cada vida, pero tiene unos fundamentos básicos que aplican a todos. Te invito a que disfrutes esta lectura que te servirá de apoyo motivacional y en la toma de decisiones para que puedas vivir con una satisfacción de vida a plenitud.

Pastora Maribel Ayala

Introducción

"No hay por que temer", es un dicho que constantemente les digo a mis hijos. En la vida se pasan muchos momentos difíciles. Adversidades que llegan no importando si lo que uno está realizando y viviendo es lo adecuado o lo correcto. Como pajaritos revueltos en círculos son muchos los pensamientos que llegan a nuestra mente. En ocasiones parece que no hay ninguna alternativa de cambio a las situaciones existentes y que no vale la pena luchar. Quiero que entiendas que siempre en la vida es necesario pasar por adversidades o situaciones difíciles para poder alcanzar los sueños y todas las metas establecidas bajo la perfecta voluntad de Dios. El enemigo de las almas, siempre estará haciendo fuerza para que tu no continúes con el llamamiento de Dios es tu vida, ya que él vino a robar, matar, a destruir y yo le añado a cansarte. Es por tal situación que tus fuerzas no se deben cimentar en tu estado de salud físico, ni en tus emociones, sino en las fuerzas espirituales de Dios. Si Dios es con nosotros, entonces, ¿quién contra nosotros? Dios es todopoderoso y en él no hay falta de nada es un Dios de plenitud. Entonces sigue hacia adelante porque: "no hay porque temer".

Este libro cambiará toda tu vida si puedes asimilar e internalizar la ejecución de todo lo establecido y señalado que se presenta en el. Con palabras sencillas y relatos de experiencias vividas, podrás proseguir hacia el camino correcto, que te llevará a la obtención de tu realización personal. Esto sin muchos tropiezos ya que en la obediencia a la voz de Dios hay fuerzas nuevas, recompensa espiritual y física.

"Nunca digas no puedo", es otro dicho normativo en mi familia. Con Cristo todo se puede y una excelente provisión que quedó como guía en la vida de aquellos que han aceptado a Jesús como salvador fue el Espíritu Santo de Dios a quién amo. No te pongas obstáculos en la vida que te detengan en el llamamiento de Dios. Y como yo digo: "Tampoco le añadas mas piedras a la carretilla de las que lleva", ese peso es innecesario y te pone carga que no necesitas. Deja obrar a Dios en todos y cada uno de tus caminos (que en realidad no son tus caminos, son los de él). Al hacerlo las cosas te irán bien. Piensa siempre que en medio de las situaciones adversas, hay muchos que están atravesando ese puente y tu eres uno de ellos. Si otros han podido caminar por los caminos de tropiezos y tu estás pasando por el, solo te resta caminar hasta llegar al punto final. Pero lo que importa aquí son las fuerzas con las cuales te apoyas. Al fin y al cabo todo tiene su momento en el universo y tu estas llamado a obtener el éxito porque eres hijo del Dios Altísimo quién todo lo puede. Así que, "no hay nada que temer". Te invito a que hagas el mensaje de este libro una herramienta tuya para cimentar tu intimidad con Dios, amarte y amar a otros bajo su perfecto plan en el establecimiento de su reino en este mundo. Recuerda siempre que tienes un padre soberano y eterno que se llama Dios. Su esencia es amor y quiere compartir contigo esa paternidad plenamente.

Pastora Maribel Ayala

Capítulo I

TRANQUILIDAD EN DIOS POR SU PALABRA

*Pero Marta se preocupaba con muchos
quehaceres, y acercándose
dijo: Señor, no te da cuidado que mi hermana me deje servir
sola? Dile, pues, que me ayude. Respondiendo Jesús, le dijo:
Marta, Marta, afanada y turbada estás con muchas cosas. Pero
solo una cosa es necesaria; y María ha escogido la buena parte,
la cual no le será quitada. Lucas 10:40 al 42*

En una etapa de mi vida estuve trabajando muy activamente en el servicio ministerial en una iglesia. Ejercía una función de Directora en el área de Misiones y ayudaba en otras áreas en las que se me necesitara como por ejemplo: enseñanza cristiana para los niños, actividades ya programadas dentro del calendario mensual y dentro de área de servicio de limpieza dentro del templo y sus alrededores. Mi familia y yo estábamos asignados como empleados a tiempo parcial en la tarea del mantenimiento de la iglesia. A parte de este trabajo, tanto mi esposo como yo teníamos otro trabajo a tiempo completo; él en una empresa privada (su trabajo requería mucho esfuerzo físico ya que trabajaba con equipo pesado) y yo en un empleo en el Servicio Público del Gobierno de mi país, mientras que mis hijos estudiaban.

No era fácil para ninguno de los dos salir del trabajo en las tardes e ir dos veces en semana a realizar la limpieza del templo con nuestra familia, ya que esto nos llevaba alrededor de 3 a 4 horas. El cansancio nos hacia la tarea más tediosa. No realizábamos esta actividad por la paga ya que si evaluábamos la situación no había paga razonable para esto. Realizábamos la tarea más bien por amor a Dios ya que nos sentíamos agradecidos de él y esta era su casa. Sentíamos satisfacción cuando realizábamos la limpieza el día sábado de la semana ya que el domingo era el Culto Mayor y se recibían a muchos invitados. Era una tarea muy ardua y a la vez gratificante. Solo Dios puede dar testimonio de todas las horas y esfuerzos ofrecidos en esta labor ya que nuestro servicio hacia él es incondicional. Mi familia y yo entendemos que el servicio ministerial no solo se brinda dentro de las facilidades del templo de adoración sino también fuera de este en el área de servicio a la comunidad. Estábamos muy envueltos en el trabajo ministerial y clerical. Creíamos que agradábamos completamente al Señor por todo el trabajo que realizábamos.

Al pasar el tiempo dentro de mi corazón se fue desarrollando un sentimiento de vacío o carencia. Mi vida espiritual marchaba bien con Dios ya que continuaba con mis periodos de oración, ayunos y lecturas de su Palabra. El Señor continuaba utilizándome con sus dones espirituales en la ministración a otros, en la predicación de su Palabra y en el servicio a su ministerio, pero algo muy dentro en mi corazón decía: "algo falta". Oraba a Dios pidiéndole dirección y que ministrara a mi vida alguna palabra de revelación para poder entender lo que estaba experimentado. Dentro de mi había un sentir por el llamamiento ministerial pastoral que el mismo

Dios había decretado sobre mi vida. Por muchas situaciones que yo entendía que no estaban en mis manos establecerlas (lo cual era incorrecto), yo continuaba con un sentido de insatisfacción e incomodidad. No me decidía a realizar aquellas cosas que entendía podían satisfacer mi vacío, solo meditaba en mi situación y ahí quedaba todo. Algo faltaba en mi vida que me impedía sentirme realizada completamente. Hice una evaluación de todos los sucesos que me estaban aconteciendo. A simple vista podría decir que todo estaba bien, quizás si otra persona hubiera hecho una evaluación de todas mis acciones cotidianas, llegaría a la conclusión de que existía en mi un panorama bueno. Hubiera señalado que todo estaba bien, y todo estaba normal. Puedo decir que posiblemente al expresar mis sentimientos y pensamientos como cristiana que soy, las personas a mi alrededor dirían que por mi vida tan ajetreada lo que necesitaba era descanso y tranquilidad. Posiblemente podría ser cierto, pero yo sabía muy dentro de mi que la realidad de mi existencia me hacía ver que había una carencia de algo muy necesario en mi vida.

Yo siempre disfruté realizar todo tipo de servicio dentro del Ministerio de Cristo: predicar, enseñar, servir a las mesas, trabajar en los proyectos dentro del templo, establecer modelos para evangelizar, brindar servicios a la comunidad y otros. Para mí no había límites en el ministerio para Dios y en cierta medida todo este servicio me llevó a vivir bajo el afán de la vida y no bajo la tranquilidad y el descanso de Dios que son necesarios. Y sin temor a equivocarme puedo añadir que mi vida no era un reflejo de lo que Dios quería para mí, según lo que establece su Palabra en cuanto a descansar en él. ¿Qué resultó de todo este esfuerzo de trabajo? Cansancio, enfermedad física, agotamiento mental y en ocasiones por falta de tranquilidad; desesperanza. No es nada fácil vivir de esta forma. Perdí el foco de atención de mi vida, el cual era vivir bajo la cobertura de Dios en confianza, en paz, bajo su Palabra y esperando el cumplimiento de las cosas en el tiempo adecuado. Y más aún todo esto me llevo a desviarme del llamamiento ministerial principal que el Señor había establecido para mi. Sin darme cuenta, yo y mi familia estábamos dirigiéndonos al lado incorrecto de la perfecta voluntad de Dios, el cual nos dice que por nada estemos afanados. No es lo mismo decir que vivimos bajo la cobertura de Dios a estar depositados completamente en sus brazos de manera confiada.

El afán en la vida

En una ocasión me preguntaba ¿Por qué el Señor en su Palabra demandaba que el hombre no se afanara tanto si es normal y responsable que este trabaje ya que desde el principio él mismo estableció que el ser humano con el sudor de su frente (trabajo arduo) obtendría el sustento de su boca? (Génesis 3:19). En mi análisis de la Palabra de Dios pude notar que el problema del trabajo no está en trabajar adecuadamente, sino en trabajar desenfrenadamente y que el propósito bajo el cual se trabaja sea el correcto. Si el propósito es para el sustento económico de una familia o de una persona no hay problema alguno. Ahora bien, si en el desarrollo del trabajo lo que se busca es acumular riquezas pensando que es la única manera de vivir y esta situación te quita el poder realizar el plan de Dios en tu vida, existe entonces un gran problema. La definición de afán es trabajar de una manera excesiva con la intención de obtener algo. ¿Y que es ese algo? Posiblemente cosas materiales que te permitirán una comodidad física pero que perderá de vista lo primordial: la relación con tu Creador. Es Dios quien te da la salud, el conocimiento y las fuerzas para poder realizar cualquier trabajo. Rinda este trabajo lo esperado por ti o no lo rinda.

Cuando te afanas en algo, esto no permitirá primeramente darle el lugar de prioridad a Dios y a su Palabra y entrarás en una situación de agotamiento y desesperanza ya que no estas alimentando el espíritu del cuerpo (Lucas 8:14). Esto es así porque pierdes el enfoque en la vida. Lo espiritual pasa a un segundo o tercer plano y lo material tiene la prioridad. Al igual que tu cuerpo necesita ser alimentado para subsistir, asimismo el espíritu del ser humano necesita ser alimentado de la Palabra de Dios. Esta será su sustento en los momentos difíciles. Por eso es que podemos apreciar que cuando las cosas van mal o hay una situación de cambio negativo en una persona, lo primero que esta hace es salir corriendo a pedirle ayuda a Dios para que él haga algo o conteste alguna petición. Las personas comienzan a decirle a Dios todo lo que harán si él les ayuda en el momento difícil. Esto ocurre cuando ya hay unos efectos evidentes en las vidas de los individuos. Pero doy siempre gracias a Dios por su misericordia la cual nos permite acercarnos a él confiadamente y esperar. Dios nos da vida, nos concede su misericordia y por medio de su cuidado guarda nuestro espíritu (Job 10:12). Cada día él nos llena de bendiciones y nos permite experimentar y sentir cosas buenas (Salmos 68:19). Lo que sucede es que hay muchas personas que viven en intranquilidad y al estar tan ocupados en sus problemas o situaciones no pueden ni siquiera percibir el favor de Dios.

Cuando nos afanamos por tener bienes materiales, tener un reconocimiento en el liderato o posición ministerial, en poseer mucho dinero, en realizar muchas tareas, en tener cargada una agenda la cual no nos permita congregarnos en la casa de Dios o compartir con nuestra familia, y no descansamos, venimos a ser necios e imprudentes (Proverbios 23:4). A corto o a largo plazo nuestro cuerpo y nuestra mente nos pasará una factura sobre todo el gasto innecesario realizado. Y las consecuencias siempre serán la perdida de algo con mucho valor o de alguién que amamos y esto traerá mucho dolor a nuestra vida. Por consiguiente también afectará la vida de otros. Una cosa que he aprendido es que el afán de alguna manera va ligado a las riquezas materiales y a los placeres (cualquiera que sea) de la vida. El ser humano se afana por obtener y hacer más cada día sin pensar que la vida tiene un término. Un día se nace y otro se muere. No se puede vivir con el pensamiento de hacer todas las riquezas o trabajos posibles y vivir disfrutando los placeres de la vida sin tener unas consecuencias, o con la idea que después de muerto según muchas personas no hay nada que buscar. Esto es un grave error ya que sabemos que existe un ser supremo llamado Dios y que nos ha dado el conocimiento de una existencia eterna después de la muerte física. Luego de muerto, ¿quién se quedará con todos tus bienes? Recuerda que son aquellos por los cuales te has afanado y esforzado desmedidamente. Sabes bien la contestación: alguien que no ha invertido ni el esfuerzo ni el tiempo que has dado de tu vida. Nada se puede recuperar después de muerto, así que aprende a vivir de hoy en adelante sin afán (Salmo 39:6). Hay que trabajar, sí, pero con cordura y viviendo la vida bajo el descanso de Dios. El descansar en Dios te llevará a enfocarte en las tareas que tienes que realizar bajo la perspectiva correcta de lo que es adecuado en cuanto al trabajo se refiere. El ser humano tiene que aprender a depositar toda ansiedad sobre el Señor Jesús. Nuestro sustento vendrá de Dios y sobre él se deben echar todas las cargas entendiendo que hallaremos consuelo inmediato.

> *Echando toda vuestra ansiedad sobre él, porque*
> *él tiene cuidado de vosotros. 1 Pedro 5:7*

> *Echa sobre Jehová tu carga, y él te sustentará;*
> *No dejará para siempre caído al justo. Salmos 55:22*

Uno puede pensar que el estar activo en puestos ministeriales o clericales que sirvan al propósito de Dios dentro o fuera de la iglesia, nos mantiene haciendo la voluntad de él. Y esto en parte es cierto porque debemos estar en los negocios de nuestro Padre como lo dijo el mismo Jesús a sus padres terrenales cuando lo encontraron en el templo hablando la Palabra de Dios (Lucas 2:49). Lo importante no es cuanto hagamos o sirvamos, lo importante es que uno tenga el conocimiento claro sobre lo que Dios quiere que se esté haciendo en ese momento de nuestra vida. El estar envuelto en muchas cosas, realizando muchos trabajos a la vez puede traer a tu vida el cansancio, el vacío y el estrés. También puede traer un estado inconforme de tu vida porque no estas respondiendo al llamamiento necesario que Dios ha puesto en tu corazón. Todos estos estados lo que traen a tu pensamiento es una quemazón de ideas donde no fluyes con naturalidad ya que tu mente y cuerpo están cargados y cansados. No se puede estar afanado por nada, hay que esperar en la provisión de Dios. Se debe llevar toda necesidad en oración delante del Señor y él hará conforme a su gloriosa y poderosa soberanía, cuidado, sustento y justicia.

> *Por nada estéis afanosos, sino sean conocidas vuestras peticiones delante de Dios en toda oración y ruego, con acción de gracias. Filipenses 4:6*

Cuando el cristiano se afana, crea una fortaleza mental y espiritual, perjudicial para el desarrollo del servicio a Dios. Como dicen en mi barrio: ¡Tu mente se quema, te sale humo del cerebro y pierdes el sentido de dirección! Ah y créeme el fuego que te quema no es precisamente por la unción del Espíritu Santo en tu vida, ya que él es un Espíritu de templanza, paz, mansedumbre y tranquilidad. Te quemas por las acciones que tomas que no están encaminadas dentro del llamamiento, el tiempo y el propósito de Dios para con tu vida.

Fortalezas mentales y espirituales

Evalúa tu vida y el llamamiento ministerial que Dios ha declarado sobre ti. Pregúntate si le estás dando prioridad a lo que genuinamente Dios ha puesto en tu corazón que va conforme al propósito suyo en tu vida. No quiero que me mal entiendas, todo aquello que lleve a la expansión del Reino de Dios en la tierra es bueno. Se debe orar para que el Reino de Dios sea manifestado en la tierra por medio de cada uno de los que han creído en él, estableciendo su gloria y su poder por medio de señales y maravillas (Salmos 145:11). La importancia de que las almas sean salvadas no ha cambiado. Esta es nuestra encomienda principal. No se debe dejar a un lado que cada uno de nosotros, los que hemos creído en la salvación por medio de el Señor Jesucristo, también tenemos la responsabilidad de discipular sobre el Reino de Dios y su justicia a aquellos que se convierten. Debemos ser modelos de Jesús el Hijo de Dios y educar sobre las grandes bendiciones y derechos que adquirimos al ser coherederos por Cristo, del Reino de los Cielos. La perspectiva real que debes tener en tu vida es que no te vas a salvar por lo mucho que hagas (aunque es necesario que labores en el servicio a otros), sino porque ejerzas la voluntad de Dios bajo sus propósitos y no bajo los tuyos (1 Pedro 4:2). Cuando obramos bajo nuestros propios criterios estamos diciéndole a Dios: "Ok, quítate Dios que ahora voy yo". Nuestro Dios es uno de sabiduría y su único deseo es que tu puedas vivir de una forma agradable y buena en esta tierra. Se puede reinar con paz y tranquilidad tomando la mejor parte de este recorrido por la vida terrenal a través de Jesús. No se puede vivir con fortalezas mentales y espirituales negativas ya que estas harán que te bloquees, te paralices, y no avances hacía la meta establecida. Las fortalezas mentales negativas son todos aquellos pensamientos que se construyen y son levantados en tu mente. Estos interfieren con la realización de los propósitos de Dios en la vida del ser humano (orgullo, mentiras, rebeliones, falta de perdón, culpa, rechazo, etc). Estas fortalezas son todas aquellas acciones, pensamientos y decisiones que tomamos que provienen del deseo de la carne, de las cosas vanas del mundo, y de las tramas del maligno. Todas estas van en contra de todo lo que obra para bien en el Señor ya que aplacan y pueden llegar a aniquilar el espíritu del ser humano. Cuando hago mención de las fortalezas espirituales negativas me refiero a todos las armas que Satanás utiliza a nivel del espíritu para mantener una opresión sobre la vida espiritual del individuo. Esto puede ser desde las manifestaciones de espíritus malignos que esclavizan la mente y el corazón humano hasta ligaduras a nivel espiritual que se han mantenido por puertas abiertas como la hechicería, el ocultismo, las maldiciones generacionales, etc. La Palabra de Dios es rica en conocimiento tanto así que nos da las herramientas necesarias para conocer, luchar y ganar la batalla contra estas fortalezas. En el libro a los Filipenses, nos instruye sobre las cosas en que el ser humano debe pensar, veamos:

Por lo demás, hermanos, todo lo que es verdadero
todo lo honesto, todo lo justo, todo lo puro, todo lo
lo amable, todo lo que es de buen nombre; si hay
virtud alguna, si algo digno de alabanza, en esto
pensad. Filipenses 4:8

Nuestra lucha no es contra carne ni sangre, recordemos siempre que es contra principados, potestades, contra los gobernadores de las tinieblas de este siglo, contra huestes espirituales de maldad en las regiones celestes.

Porque no tenemos lucha contra sangre y carne,
sino contra principados, contra potestades, contra
los gobernadores de las tinieblas de este siglo,
contra huestes espirituales de maldad en las regiones
celestes. efesios 6:12

No se puede perder tiempo ni darle lugar a que se establezca en nuestra vida alguna fortaleza negativa o maligna ya que esto dará lugar a que estemos en desventaja contra nuestra propia felicidad y tranquilidad.

Al mantener nuestro pensamiento alineado conforme a lo que es bueno, nuestros actos vendrán a estar sujetos bajo todo lo que es correcto y saludable tanto a nivel físico como a nivel espiritual. Si deseamos avanzar, madurar y crecer en el Señor, debemos aprender a entregarle todas nuestras fortalezas malignas o mal fundamentadas, para que sea Dios quien nos de una forma de pensamiento y de actitudes con valor positivo. De esta manera podrás avanzar hacia la meta sin obstáculos y con la libertad necesaria para ejercer el llamamiento de Dios en tu vida.

La sabiduría de Dios y su voluntad

La sabiduría de Dios es el conocimiento o entendimiento de todo lo creado del mundo físico y espiritual. El hombre es dotado de un entendimiento natural, pero la sabiduría de Dios excede todo lo racional y se remonta a lo eterno y muchas veces a lo inexplicable para el ser humano. Esta te enseña a conocer Su personalidad, es decir; sobre quién es Dios. Este otorga conocimiento a todo aquél que lo pide y lo da sin medidas.

Y si alguno de vosotros tiene falta de sabiduría
pídala a Dios, el cual da a todos abundantemente
y sin reproche, y le será dada. Santiago 1:5

La Palabra de Dios señala que el conocimiento pleno de él es para aquellos que le tienen temor y reverencia, para aquellos que practican el bien y a parte de todo esto lo han aceptado como su Padre.

Y dijo al hombre: He aquí el temor del Señor es la sabiduría.
Y el apartarse del mal, la inteligencia. Job 28:28

Estos vienen a ser sus hijos adoptivos por la sangre de Cristo. La sabiduría de Dios nos lleva a mantener nuestra relación como sus hijos y es agradable sostener una buena comunicación con un Padre (Marcos 3:35). Hay que dejar claro que la sabiduría de Dios no es el conocimiento adquirido que el hombre obtiene por medio de las experiencias o aprendizaje que el mundo da, es algo que va más allá de nuestro marco intelectual y racional de referencia.

Porque la sabiduría de este mundo es insensatez para con Dios: pues escrito está: El prende a los sabios en la astucia de ellos. 1 Corintios 3:19

Los cristianos, como hijos de Dios están llamados a abundar en toda sabiduría ya que nuestro conocimiento debe provenir de él.

Bendito sea el Dios y Padre de nuestro Señor Jesucristo, que nos bendijo con toda bendición espiritual en los lugares celestiales en Cristo..... que nos hizo sobreabundar para con nosotros en toda sabiduría e inteligencia. Efesios 1: 3 y 8

En el crecimiento del cristiano debe haber una muestra de desarrollo en sabiduría de parte de Dios (Lucas 2:40) ya que al aceptar su voluntad en nosotros y entrar en el proceso de aprendizaje, uno es cimentado por Su Palabra. Al hablar de la voluntad de Dios en nuestras vidas hay que entender que esta es revelada por su sabiduría por medio de Su Palabra y siempre debemos pedirle al Señor que nos enseñe cual es ésta.

Enséñame a hacer tu voluntad, porque tú eres mi Dios; Tu buen espíritu me guíe a tierra de rectitud. Salmos 143:10

La voluntad de Dios te lleva a un proceso de una libre selección de decisiones en los actos diarios de tu vida, regidos por el conocimiento de lo que es bueno para mantener y cuidar tu vida. Este es un proceso de crecimiento y madurez

en el cual Dios siempre va a estar presente. Algo que trae
aliento al corazón y al pensamiento es que el vivir bajo la
voluntad de Dios nos permite que podamos a hablar con
nuestro Padre, seamos escuchados y nuestras peticiones sean
contestadas.

Y esta es la confianza que tenemos en él,
que si pedimos alguna cosa conforme
a su voluntad, él nos oye. Y si sabemos
que él nos oye en cualquiera cosa que pidamos,
sabemos que tenemos las peticiones que le hayamos
hecho. 1 Juan 5:14 al 15

Por medio de la sabiduría de Dios la verdad es mostrada y no
existe alguna intención manipulada. La sabiduría añade años
a tu vida porque aprenderás a vivir de una manera cautelosa,
con astucia, con entendimiento y te llevará a guardarla. Esta te
llevará a una perfección al final de tu vida, bajo la eternidad.
Cada uno de nosotros debemos orar para que Dios nos dé
espíritu de sabiduría y revelación para que sean abiertos los
ojos de nuestro entendimiento a nivel espiritual y mental.

Para que el Dios de nuestro Señor Jesucristo, el
Padre de gloria, os dé espíritu de sabiduría y de
revelación en el conocimiento de él, alumbrando
los ojos de vuestro entendimiento, para que sepáis
cuál es la esperanza a que él os ha llamado,
y cuáles las riquezas de la gloria de su herencia
en los santos. Efesios 1: 17 al 18.

Al aceptar la voluntad de Dios en tu vida entiendes que él
te creó, te formó, te escogió, te llamó y te ungió para su
propósito en la tierra. Tu voluntad fue entregada a Dios desde
el momento que creíste que sin él no podías vivir y que él era
la única respuesta de salvación para tu vida. En Dios hay una
sola voluntad a seguir y esta es la de él, viéndolo desde el punto

que esta es perfecta. Una persona inconversa al cristianismo, al leer estas palabras podría pensar que Dios es egoísta y que mi posición es una dictatorial al expresar estos pensamientos. Pero lo único que puedo decir es que él es el Dios de toda la creación (Génesis 1:1, 26 y 27) y el que crea tiene completa autoridad y derecho sobre lo creado. También puedo añadir a esto que por mi experiencia personal, luego de haber entendido el propósito de Dios en mi vida, haber sentido su amor y guianza, para mi no hay otra alternativa de vida y no lo cambio por nada, ni por nadie. Además entiendo que al actuar de acuerdo a todo lo que nosotros creemos sin dirección de parte del Señor, solo trae convicción a nuestra propia conciencia y a nuestros deseos. Cuando se actúa de acuerdo a lo establecido por Dios en su Palabra la cual es revelada a nuestros corazones pos su Espíritu Santo, esto nos lleva a obrar de acuerdo al propósito de Dios en nuestra vida. Dando lugar a que una persona no caiga en el afán y la turbación que son comunes y cotidianos en la vida de este mundo.

La voluntad de Dios es agradable y perfecta, santificadora y te lleva a obtener la promesa de salvación y vida eterna.

No os conforméis a este siglo, sino transformaos
por medio de la renovación de vuestro entendimiento
para que comprobéis cuál sea la buena voluntad de Dios,
agradable y perfecta. Romanos 12:2

Pues la voluntad de Dios es vuestra santificación...
1 Tesalonicenses 4:3

Porque os es necesaria la paciencia,
para que habiendo hecho la voluntad
de Dios, obtengáis la promesa. Hebreos 10:36

A señalar que la Palabra de Dios es agradable y perfecta, se refiere a que satisface todas nuestras necesidades, sin importar la situación actual de vida. Es gustosa a todas nuestras emociones y deseos ya que se manifiesta bajo un propósito bueno. Es perfecta porque proviene de un Dios perfecto, donde no hay mala intención o manipulación a favor de un egoísmo personal. Es perfecta porque complace en su totalidad las exigencias y directrices de vida del ser humano bajo la perfección de Dios y su esencia que es amor. Al regirte bajo la voluntad de Dios tu vida solamente tendrá ganancias, las adversidades las verás como ventajas a favor tuyo con un fin de éxito.

La voluntad de Dios te lleva a la santificación. La santificación no es otra cosa que el estar apartado para las buenas obras según la Palabra de Dios, por medio de la salvación, bajo la justificación de la sangre de Jesús la cual es dada por su gracia. Es decir, hacer la voluntad de Dios te guarda de llevar una vida incorrecta ya que tienes conocimiento de la verdad por medio de su Palabra. La voluntad de Dios te lleva a obtener la promesa de salvación y vida eterna. Además de que es alimento espiritual para tu vida

> *Jesús les dijo: Mi comida es que haga la voluntad del que me envió, y que acabe su obra. Juan 4:34*

Las Escrituras están llenas de promesas para aquellos que creen en la salvación de nuestro Señor Jesús. Una de las promesas mas hermosas contempladas en esta, es la de la vida eterna. No se si alguna vez te has preguntado: ¿Tiene que existir algo más de lo que yo puedo ver en esta vida? ¿No puede ser la existencia del ser humano el solo nacer y morir algún día? ¿Debe haber algo más que esta existencia? Entiendo que sí, hay algo más que este mundo natural o físico que vemos. Existe el mundo espiritual y una promesa de vida que va más allá de nuestro entendimiento.

Cuando Jesús ascendió al cielo, luego de su resurrección fue a preparar morada para aquellos que permanecen en la fe y en sus buenas obras de vida para con Dios primeramente y para con el prójimo. Dios tiene bien presente tu bienestar físico, emocional y sicológico. Eres demasiado importante para él. El hacer la voluntad de Dios bajo los principios de su Palabra te llevarán a una mejor calidad de vida terrenal, y a que tu espíritu se fortalezca por medio del Espíritu Santo. Esto es así para que puedas lidiar contra las situaciones de la vida y para que puedas tener descanso de que toda tu vida no ha sido en vano. Ya que en algún momento estarás en el lugar que el Señor Jesús ha preparado, lleno de paz y de descanso para ti. En ese lugar no habrá llanto, dolor, muerte ni clamor (Apocalipsis 21: 3 al 7). Es bueno vivir bajo la voluntad de Dios y al vivir bajo esta todo te irá bien, confía.

Al evaluar el relato de la historia de María y Marta en el libro de Lucas 10: 38 al 42, se puede observar que Marta se encargaba de los quehaceres de la casa con el fin de agradar a Jesús en su visita. Era costumbre judía que las personas de esa época trataran a los forasteros y visitantes con buenas atenciones por las exigencias de las leyes Mosaicas. Marta, hermana también de Lázaro, se esforzaba por agradar a Jesús por medio de lo que sabía hacer bien que era el trabajo de servicio en los quehaceres de la casa (cocinar, recoger, servir, etc). La palabra de Dios nos relata que Jesús amaba mucho a esta familia al punto de que nos señala en otra parte de las escrituras que Jesús lloró al saber que Lázaro había muerto y estaba en la tumba (Juan 11:35). En esos momentos Jesús se conmovió al ver el dolor de Marta y María.

Me imagino a Marta tratando de agradar al Maestro; buscando el mejor menú de alimentos, ofreciéndole alguna bebida refrescante, llevándolo a un lugar de descanso donde pudiera sentirse bien, etc. Si el Señor Jesús viniera a visitarme créanme que daría la mejor asistencia y servicio que pudiera dar a alguna persona. Me encargaría de cocinarle un plato con alimentos de su agrado. Buscaria saber cual es su bebida favorita para que al servírsela, vea que pensé exclusivamente en él. Recogería la casa, la dejaría inmaculada y olorosa para que se sienta en un lugar de agrado. ¡Que no haría yo por el mejor bienestar de mi Señor Jesús! En muchas ocasiones han venido a nuestra casa o en alguna situación particular en algún lugar, ministros de Dios (hijos por medio de la salvación por Cristo), seres humanos en necesidad que son enviados a tu puerta y ángeles de Dios. Ante estas visitas te has puesto tu a servir, tratando de ayudar o brindar lo que se requiere según la situación. Medito en esto y te pregunto: ¿Si el Señor Jesús te fuera a visitar a tu residencia que harías? ¿Le servirías? ¿Buscarías las mejores comodidades para él? o Lo harías pasar, lo sentarías en una butaca y lo harías esperar hasta el momento en el cual tu entiendas puedas atenderlo y escucharlo.

Seguimos… El trabajo que Marta realizaba era uno de servicio y de ninguna manera obraba mal. Siempre hay alguna persona que tiene que servir a otro en algún momento. Lo que vemos aquí es que había afán en Marta y esto llevaba a que no estuviera participando de un momento extremadamente importante en su vida, la visita de Jesús en su casa y escuchar sus palabras. Era momento de sacar tiempo para escuchar lo que él tenia que expresarle y dialogar. Quién visitaba a Marta y a María era Jesús el Hijo del Dios Viviente, quién vino a pasar un rato de intimidad con ellas y mostrarles las palabras de su corazón. Estas palabras no serian sin sentido, huecas o malintencionadas, serían palabras de vida eterna. Las cuales son un tesoro para el corazón y el alma. ¿Crees tú que en esos momentos a Jesús le importaba el servicio que Marta podía darle por medio de lo que preparaba o hacía? Mi Dios no es ingrato ante el servicio que se le brinda a él y a su ministerio, y muchos menos al servicio que se le da al prójimo. Pero hay momentos que la pasividad o el descanso toman prioridad ante todo. Estos son los momentos en que debemos evaluar si estamos realizando la voluntad de Dios.

Imagínate que Jesús es el que visita tu casa hoy, y está esperando que escuches sus Palabras. Si eres ama o amo de casa cuando Jesús te visita tienes que hacer un pare ante las tareas que tienes que realizar, como: fregar, lavar, barrer o limpiar la casa. Si eres obrera u obrero dedicado a algún ministerio en el servicio a Dios o un empleado secular, para Dios no es importante el trabajo que tengas que realizar en el momento en que el te visita. Si eres un ejecutivo el cual tiene un calendario lleno de actividades y viajes, cuando Jesús llega a tu encuentro tienes que detenerte y escuchar lo que te tiene que decir. La visita de Jesús a nuestras vidas es algo que no puede pasar desapercibida por el afán diario. El tiene palabras de consuelo para ti, palabras de guianza y luz, palabras de refrigerio y de soluciones para tu vida. Tiene conocimiento de lo que te hace falta, de todo lo que necesitas y es importante para la felicidad y el desarrollo pleno de tu vida. El puede ver en medio de tu afán lo que tu no puedes ver por el cansancio y la rutina común que día a día vives.

La visita de Jesús no es solamente para tu casa física, sino también para tu casa espiritual que es tu corazón. Te interesa saber que Jesús tiene para ti y ¿cuales son sus palabras? Detente, si estás en el afán de la vida. Evalúate, cuando comienzas a sentir la necesidad de algo en tu corazón y te das cuenta de que lo que realizas no te satisface, sientes vacío a pesar de que entiendes que estas haciendo algo responsable y que es requisito en el servicio a Dios, entonces estás en un área común de vida la cual Dios quiere cambiar para que puedas sentir satisfacción y llenura. Cuando te afanas en las tareas comunes diarias dejas pasar la mejor parte que ha sido reservada para ti. Es tiempo de que acciones a favor tuyo con las palabras de Jesús como guía y no en contra tuya por la rutina y la creencia de que estás haciendo todo lo que el Señor Jesús quiere que tu hagas. Busca la realidad de las cosas bajo la visión del Espíritu Santo de Dios; el sabe que es necesario para ti ante todo lo común y rutinario que puedas hacer.

Quiero que te imagines la escena. Son las 7:00 de la noche, ya has cenado junto a tu familia. Tocan el timbre de la puerta. Tu esposa(o) abre la puerta y ve que es Jesús. Lo invita a pasar. La familia pasa a saludarlo. Le invitas que tome asiento. Te sientes muy feliz con su visita y se lo haces saber. No han pasado ni cinco minutos cuando comienzas a mirar el reloj ya que te trajiste trabajo para completar de tu empleo diario. De igual manera tu esposa (o) está pensando en que tiene que ir a lavar los platos y ayudar a los niños en las tareas escolares. A esto se le añade la situación de que cuando Jesús llegó acababas de encender el televisor ya que comenzaba la película que tu esperabas ver y no apagaste el televisor pensando que quien tocaba a la puerta era una persona no significativa para ti y que ibas a salir de eso rápido. En medio de todo el bullicio mental y de tu entorno tratas de comenzar un dialogo con Jesús. Suena el teléfono es tu jefe, te tiene una encomienda para el día de mañana. No bien enganchas y suena nuevamente el teléfono es un líder de la iglesia que desea coordinar unos planes para unos seminarios y campañas evangelísticas que hay que diseñar. Jesús se queda sentado esperando decirte las buenas cosas que tiene para ti: proyectos nuevos, viajes, temas sobre la calidad de vida que el te brinda, sobre el descanso y el estado de tu vida espiritual. Tu esposa(o) se excusa para ir a realizar las tareas pendientes ya que entiende que si no las realiza nadie las hará. No es su prioridad estar sentada(o) frente a Jesús escuchándolo porque entiende que tendrá otra ocasión para atenderlo y le dará un mejor trato que el que le brindo en este día. Jesús continua esperando pacientemente que le presten atención ya que todavía no has terminado la llamada telefónica y se está haciendo tarde en la noche. Hay en tu corazón un sentir de que tienes que sacar tiempo para dialogar con el Señor pero sabes que como él te entiende puede esperar a que termines. Terminas la llamada y por fin Jesús puede comenzar a hablarte el mensaje que hay en su corazón para ti y de momento detiene el hablar ya que el ruido que hay en tu mente no le permite continuar. Jesús sabe que estás pensando en el trabajo que te asigno tu jefe y en la tarea que estás planificando mentalmente para la iglesia. Todo esto tiene más importancia para ti que las palabras que él te va a decir. Jesús con ojos dulces y palabras suaves te mira y te dice: "Me voy. Cuando dejes el afán estaré en la mejor disposición de visitarte y decirte que yo soy paz, descanso, fortaleza y sobre todo buen guía. En mi hay plenitud de todo lo que tu y los tuyos necesitan. Recuerda que sin mi nada puedes hacer. En algún momento volveré y espero que no te encuentre como hoy, afanado. Debes aprender que todo tiene su tiempo. Y es necesario que escuches mi voz, para que halles descanso. Te amo"…

Las cosas materiales no perduran. Estas dan una estabilidad económica y de uso en la vida pero no son eternas. Te sirven para tener una mejor calidad de vida pero no te enriquecen el alma, ni el espíritu. Hay que aprender a retener lo que realmente es necesario para nuestra vida. Y esto se aprende escuchando a Dios por medio de su Palabra y tomando decisiones acertadas que te llevarán a establecer el llamamiento de Dios. Maria había escogido la buena parte, aquellas palabras de Jesús que le servirían de sustento y fortaleza en cualquier momento de su vida. Esta buena parte no le seria quitada por nada ni por nadie ya que fue sembrada en su corazón y en su mente. Cuando una palabra de Dios es sembrada en el corazón del hombre esta viene a dar un fruto y este fruto será conforme a lo que se sembró en el terreno del corazón y de la mente, Es necesario que todo semilla que se recibe para sembrar sea de buena calidad. Toda la información recibida a través del caminar en esta vida tiene que tener un medidor o un indicador de calidad. Hay que evaluar que cosas recibimos y guardamos que nos permitirán mantener un soporte de una calidad de vida buena. En el proceso de ser sembrada la semilla de la Palabra tenemos que entender que esta nos llevará a establecer cambios permanentes de actitudes, conocimientos y de vida. En ocasiones habrá que morir a nuestro yo para dar paso a todo lo hermoso que Dios nos quiere manifestar para beneficio propio. No nos limitemos a recibir la buena parte que Dios nos quiere dar. Dejemos el afán y descansemos en todo momento en él. Se de antemano que ninguna persona se va a sentir mal o va a salir perdiendo ante todas las bendiciones que están diseñadas para cada uno de nosotros. Declaro la paz de Dios sobre ti y que el afán de la vida no tocará tu mente ni tu cuerpo ya que descansarás bajo el cuidado del Omnipotente. Medita en todo esto.

¿Qué provecho tiene el que trabaja, de aquello en que se afana? Yo he visto el trabajo de que Dios ha dado a los hijos de los hombres para que se ocupen en él. Todo lo hizo hermoso en su tiempo; y ha puesto eternidad en su tiempo; y ha puesto eternidad en el corazón de ellos sin que alcance el hombre a entender la obra que ha hecho Dios desde el principio hasta el fin. Eclesiastés 3: 9 al 11

Capitulo II

EL FUEGO QUE TE CONSUME

(Sentir)

Partiendo él de allí, halló a Eliseo hijo de Safat, que araba
con doce yuntas delante de sí, y él
tenía la última. Y pasando
Elías por delante de él, echó sobre él
su manto. Entonces dejando
él los bueyes, vino corriendo en pos
de Elías, y dijo: Te ruego que
me dejes besar a mi padre y a mi
madre, y luego te seguiré. Y él
le dijo: Ve, vuelve; ¿qué te he hecho
yo? Y se volvió, y tomó un par
de bueyes y los mató, y con el arado
de los bueyes coció la carne y
la dió al pueblo para que comiesen.
Después se levanto y fue tras
Elías, y le servia. 1 Reyes 19:19-2

Cada vez que leo esta porción de la Palabra de Dios me emociono mucho. Me figuro viendo al profeta Elías pasando por el área de trabajo donde se encontraba Eliseo y detenerse unos momentos a observarlo. El estaba trabajando en el arado de la tierra. Este trabajo de arar la tierra no es un trabajo fácil ya que es uno que envuelve mucha disciplina. El individuo que ejerza ese trabajo tiene que tener mucha fortaleza física y mental. Debe tener paciencia, conocimiento del cultivo de la tierra y sobre los diversos frutos que se pueden cosechar en dicho terreno. También necesita ser diestro en el cuidado y la alimentación de las reses o animales que se utilizan en el proceso del mismo. La persona que se dedica a esta faena tiene como deber saber sobre los tiempos de siembra y de cosecha. Es su responsabilidad conocer sobre el tiempo climatológico para poder enfrentar tiempos de sequía. etc. Sobre todo tiene que ser una persona con visión de que lo que se siembra dará fruto y no cualquier fruto. Este fruto tiene que ser uno bueno, de buena calidad para que sea una buena cosecha. Así que en otras palabras: el hombre que Dios escogió como sucesor del profeta Elías fue un hombre de acuerdo a su voluntad. Este poseía el conocimiento que lo llevaría a realizar un buen y mejor trabajo para el servicio al cual fue llamado. Siempre he dicho: ¡Dios sabe lo que hace!.

Eliseo fue llamado al servicio como profeta de Dios para el pueblo de Israel. Además de todo el conocimiento que pudiera tener este hombre, tenía que saber escuchar, ser presto para trabajar y realizar las tareas asignadas para lograr lo esperado. Este hombre poseía un carácter determinado para saber cuando debía detenerse ante cualquier situación y cuando podría proseguir hacía otra tarea a realizarse. Por la escritura señalada arriba, se puede observar que Eliseo no vivía bajo obstinación, ni bajo su propia voluntad. Supo diferenciar cual era la rutina común de su vida y hacía que propósito necesario Dios lo estaba llamando. El entendió cual era el camino que debía seguir y sobre todo fue obediente a lo que se le solicitó. Cuando pienses en ti, recuerda que tienes un sin números de cualidades y aptitudes que en su momento Dios las utilizará a favor de tu llamamiento. No lo olvides.

El manto sobre Eliseo representa una cobertura y llamamiento de parte de Dios en su vida. El manto que se posó sobre Eliseo no fue cualquier manto ya que pertenecía al profeta Elías. Este fue un hombre consagrado a Dios, donde la revelación de la palabra de Dios era manifestada y su poder fluía de forma natural dejando a muchos incrédulos perplejos ante los milagros que realizaba. Un profeta es aquel que tiene palabra de revelación por parte de Dios para un pueblo. Para mi Elías se puede visualizar como un ser sobrenatural para esos tiempos al igual que Eliseo quien luego de la ascensión de Elías al cielo realizó mayores milagros que los que éste hizo.

En mi vida cristiana he escuchado sin fines de veces algunas exclamaciones como las siguientes: ¡Dios, dame el poder y la unción de Elías para que pueda hacer los milagros que este hizo!, ¡Dios quiero una doble porción como la de Eliseo para realizar sus milagros y aún mayores, para llevar tu palabra con poder para tu gloria!. Es impresionante la vida de ambos Profetas. La historia de Elías y Eliseo fue una de grandes sucesos milagrosos que ambos realizaron. Esto es algo maravilloso, pero quiero que entiendas que hay mucho más para aquellos que creen en Dios y en su hijo Jesús en los cuales mora el Espíritu Santo de Dios. Jesús el Hijo de Dios hizo los más grandes milagros de la historia en comparación con estos Profetas. La vida de Jesús fue una de milagros espectaculares y sobrenaturales. Y ese poder para hacer todo tipo de milagros y sanidades fue otorgado por Jesús para cada persona que cree en la salvación por medio de la muerte y resurrección de Jesús y guarda sus mandamientos. Fue el mismo Jesús quien nos dice en su Palabra que cosas mayores que las que él realizó haríamos en su nombre (Juan 14:12). Dios por medio del pacto de sangre a través de la muerte y resurrección de Jesucristo nos otorgó su poder para realizar milagros y sanidades para testimonio de su existencia y para su honra.

Ahora bien, para mi es importante señalar algunas características personales sobre el profeta Eliseo, de las cuales podemos aprender mucho y pueden servir de ayuda en nuestro servicio ministerial a Dios. Algunas características de la personalidad de Eliseo son las siguientes:

(1) Fue escogido como profeta.
(2) Fue llamado como profeta para un pueblo.
(3) Fue ungido como profeta y siervo de Dios.
(4) Fue dotado del poder del Espíritu Santo de Dios.
(5) Fue un profeta servidor.

Voy a expresar varias comentarios en cuanto a cada una de estas características para poder desarrollar las ideas que les quiero llevar. Es muy poco lo que se nos dice de la vida anterior del profeta Eliseo. Solo que su padre fue Safat y que el trabajo que realizaba era el de arar la tierra. Puede entenderse que era un agricultor. En el momento en que es visto por el profeta Elías, él dirigía a un grupo de doce yuntas de reses que araban la tierra. Puedo asimilar que era una persona de mando, la cual sabía dirigir, seguir y dar instrucciones. Las yuntas de reses con las que araba me llevan a considerar que económicamente tenía animales que le ayudaban a adquirir el sustento económico. Su ganado y el cultivo de la tierra eran su base económica. Cuando el Profeta Elías le hace a Eliseo el llamamiento por parte de Dios, Eliseo se deshace de una parte de los bueyes matándolos y se los da a comer a la gente circundante a su vivienda (al pueblo). Hubo un desprendimiento total de lo material y económico ante el llamamiento de Dios en la vida de éste hombre. Eliseo no fue un hombre aferrado a cosas materiales. Su vida no estaba centrada en el dinero ni en lo perecedero. El podía sentir que lo que le sobrevenía era algo de mayor importancia a lo que estaba acostumbrado. Dios llamó a un hombre que económicamente estaba bien. Y puso en su corazón una decisión determinante y extrema, la cual era necesaria para continuar hacía el propósito de Dios en su vida. Sí Eliseo hubiera seguido a Elías con todas sus pertenencias existentes, estas le serían de tropiezo en todo momento y esto le impediría avanzar hacia todo lo nuevo y de provecho que le esperaba en su prometedora vida. Hay que entender que cuando la mentalidad del ser humano esta atada a lo material se es un esclavo de todo lo material y en lo material no hay eternidad. Porqué menciono esto, es que deseo que entiendas que cuando Dios hace un llamamiento a tu vida, hay que dejar todo aquello que te ata o te sirve de tropiezo para que puedas alcanzar la meta. Con lo primero que Dios comienza a trabajar es con tu mente. Hay que sacar tu mentalidad de la esclavitud de rutina y de falta de visión para entrar a una vida de revelación por parte de Dios. Con lo segundo que el Señor comienza a trabajar es con tu corazón. Para trabajar en los negocios del Padre, tienes que tener y desarrollar un corazón de hijo y de servidor, lleno de amor primero para Dios (tu Padre) y luego para el prójimo. Y con lo siguiente pero no lo último con lo que Dios trabaja es con tu valorización o tu identidad como hijo del Rey de Reyes y Señor de Señores. Muchos desconocen que como hijos del Dios Altísimo venimos a formar parte de la herencia de Dios como hijos adoptivos por la sangre de Cristo. El reino de Dios fue revelado a nosotros por Jesús y nos resta evidenciarlo al mundo por medio del testimonio y la palabra que se nos dio. Tenemos el dominio, la autoridad y la jurisdicción de parte de Dios para hacerlo por medio del llamamiento que él nos ha hecho. En el caso de Eliseo, toda su vida seria trasformada para poder realizar el propósito de Dios para el como profeta. Elías fue utilizado como un instrumento para mostrar la voluntad de

Dios hacia la persona de Eliseo. De Elías, Eliseo aprendería todo lo necesario para conocer a Jehová Dios, su presencia, su unción y su gloria. Para que Eliseo comenzara a conocer toda la personalidad de Dios era necesario salir de las cosas comunes de su existencia.

Sabes, lo común es todo aquello que ya esta en ti programado como parte de tu vida que te limita. Me explico: todo aquello que te haga sentir en una comodidad, en un control total de las cosas y en una confianza de tus fuerzas es todo lo común y créeme te servirá constantemente de tropiezo ante todo lo nuevo que Dios tiene para ti. Recuerda no son tus fuerzas, es la fuerza de Dios en tu vida, bajo su voluntad. La cobertura de Dios fue sobre Eliseo desde el mismo momento en que el manto de Elías lo cubrió. Hay algo hermoso que goza de grandeza en todo esto y es que Dios como nuestro Padre Eterno siempre está para cubrirnos, protegernos, amarnos, darnos guianza, y nutrirnos de inteligencia y sabiduría. Dios es maravilloso y soberano. La cobertura del manto es establecida como señal de autoridad para Eliseo como elegido de Dios. Que magnifico es Dios: nos llama, y nos elige cubriéndonos con la sangre de Jesús y permite que su Espíritu Santo habite en nuestros corazones. El es nuestro castillo fuerte y fortaleza (Salmo 31:3). El poder de Dios por medio del Espíritu Santo vino a ser la cobertura para este hombre, como su profeta dotándolo de unción y poder sobrenatural. Luego de dada la cobertura, Eliseo vino a ser un fiel servidor de Dios. En el corazón de Eliseo ya había disposición de servicio. Este acto de servir se puede apreciar desde el momento en que brindo alimento al pueblo y se despidió. Este entregó su único medio de sustento para seguir y hacer la voluntad de Dios. Te pregunto: ¿Estarías tu dispuesto a entregar todo aquello que posees, lo cual te sustenta de manera económica y emocionalmente, para seguir el llamamiento de Dios para tu vida? Esto nos lleva a pensar por varios minutos, ¿verdad?. Figúrate lo siguiente: Día tras día Eliseo se levantaba a preparar las yuntas de bueyes para arar la tierra esperando una cosecha para poder continuar viviendo. Esto le garantizaba su existencia y esta acción es genuina y necesaria. Pero dentro de esta acción necesaria, los actos que la envuelven vienen a ser una rutina, algo común. Dios por medio del llamamiento, utilizando a Elías como emisario, sacó a Eliseo de su vida común para comenzar una tarea necesaria como profeta, para el pueblo de Israel. No se dejó rastro de lo que era el trabajo terrenal en la vida de Eliseo para que éste pudiera seguir hacia lo porvenir. Con esto quiero expresarte que es necesario que comiences a ejercer el llamamiento de Dios en tu vida sin escombros de todo aquello que te ata.

Hay movimientos estratégicos en el plan de Dios, los cuales te llevarán a ejercitarte para el cumplimiento de tu encomienda. No se puede menospreciar la experiencia laboral adquirida, ni mucho menos las vivencias del día a día ya que estas te ayudarán en el desarrollo y crecimiento del plan de Dios para contigo. Las experiencias vividas son el destino ya señalado por Dios para concretar el llamamiento de tu vida. Las experiencias vividas son necesarias pero no deben definir los límites de lo que estar por venir en el plan perfecto de Dios el cual debes ejercer sin dilatación. En tu vida cotidiana puedes evaluar tus tareas, sabes que trabajos puedes realizar y que aptitudes y cualidades tienes para desarrollar los mismos. Esto te capacita para vivir la vida terrenal ordenadamente pero debes entender que el plano de Dios es otro. Tienes que alinearte conforme a la visión suprema de Dios y su reino que va más allá de tu entendimiento. No razones mucho, pídele a Dios que por medio de su Espíritu Santo te provea guianza. El te la dará y hará cosas que tu no esperabas y ni si quieras te imaginabas. Dios es un ser superior. Deja que te sorprenda y se obediente ante todo lo que el ponga en tu corazón hacer. Dios tiene grandes promesas para sus hijos, para aquellos que creen en El reconociendo su soberanía, le aman, le siguen, guardan y viven su Palabra. Eliseo supo ser obediente y confió a pesar de lo desconocido.

¿Cual es el llamamiento de Dios para mi vida?

Sobre ti, en alguna ocasión de tu vida ha sido dada una palabra de revelación (profética) de parte de Dios y ya es tiempo de que la creas sin pedir mas confirmación o señales y mas allá de todo esto, que le creas a Dios. Esa palabra esta encaminada a que trabajes en alguna área ministerial. Tu conoces esa palabra, sabes lo que el Señor ha puesto en tu corazón y en tu pensamiento. Tu sabes lo que Dios está esperando de ti. Para darte luz en el camino puedo poner como ejemplo lo siguiente: Quizás Dios te ha hecho un llamamiento a predicar su Palabra, a las misiones, a ser maestro, a comenzar un proyecto nuevo, a pastorear, etc. Dios te ha declarado hacia lo que él desea que te encamines. El no te va a dejar solo (a) en este proceso. Hay gente cerca de ti que él ha elegido como parte de la ayuda necesaria en tu proceso para comenzar o establecer tu llamamiento en la obra en este mundo, bajo su reino. Una vez más te digo que Dios te está dirigiendo a salir de tu vida cotidiana donde realizas muchas cosas que son común y rutinarias las cuales te ayudan para el sostenimiento de tu persona y familia, pero que no van dirigidas bajo el proceso de la voluntad de Dios. Con esto no te quiero decir que sueltes el empleo que tienes o dejes las comodidades físicas que tienes. Tu te conoces y sabes conocer lo que Dios ha puesto en tu corazón y en tu mente, lo cual es su propósito. Sabes conocer los tiempos como Eliseo, ante todo el sentir que hay en tu corazón. Y mejor aun saber conocer la temporada de inicio o siembra para que tengas una buena cosecha ministerial. Todo tiene un momento para efectuarse o para que ocurra. Si tienes duda en cuanto a cuando es el momento para comenzar a ejercer este llamamiento de parte de Dios te sugiero que ores y le pidas dirección al Espíritu Santo, ya que la duda no es parte de Dios. Este es Señor de toda verdad y claridad.

Hay señales que Dios va mostrando en nuestra vida para entender cuando es el tiempo como por ejemplo: cuando hay un fuego interno que te consume, una pasión dentro de ti que no te deja dormir tranquilo y sientes que te corre por todas tus venas y huesos, sabes que estás en el tiempo de Dios y bajo su dirección. No puedes aplazar el momento de Dios. Hay situaciones donde llegará alguna persona a tu vida enviada por el Señor a traer una palabra de afirmación o dirección para avanzar hacia el propósito señalado. En algún momento algún Elías (como ministro de Dios) pasará por tu vida y tu entenderás que ya es momento de comenzar a ejercer el llamamiento de Dios: bajo su propósito, con sus fuerzas y sobre todo con su cobertura. Dios es uno de plenitud, nada falta en él y te sustentará. El es fiel. Dios te llama a realizar las acciones necesarias en tu vida que te llevarán a sentir el éxito y la certeza de que lo que estás realizando es lo que él quiere para ti.

El éxito en el llamamiento de Dios para mi vida

Deseo darte una pequeña orientación de guianza para que puedas obtener el éxito de Dios en tu llamamiento ministerial. Como hijo de Dios tu puedes reinar con éxito ante las exigencias que demanda y requiere el servicio ministerial bajo el propósito de cumplimiento que Dios ha señalado para ti. Estas guías las puedes utilizar también ante las adversidades y fortalezas de este mundo. Primeramente debemos entender que el éxito es el resultado feliz o el fin bueno que se espera de un negocio o proyecto que se realice. A los hijos de Dios le es necesario estar en los negocios de su Padre. Por tal situación es que si en estos momentos no estás realizando lo que Dios ha determinado para ti en su llamamiento, te sientas desorientado y quizás con un vacío en tu corazón. Muévete a hacer solo lo necesario, entonces el te llevará a obtener el éxito de todo en tu vida. Recordemos el incidente donde luego de la celebración de la fiesta de la Pascua en Jerusalén. Los padres de Jesús se percatan que este no estaba con ellos y regresan a buscarlo y lo encuentran en el Templo. Jesús se encontraba sentado en medio de los doctores de la ley, oyéndoles y preguntándoles. Los doctores de la ley le oían y se maravillaban de su inteligencia y de sus respuestas. Ante la situación de la desesperación y angustia de María la madre de Jesús esta le cuestiona a Jesús la razón de su proceder a lo cual él le contesta: "¿Por qué me buscáis? ¿No sabéis que en los negocios de mi Padre me es necesario estar? (Lucas 2:41-52) Los hijos del Rey ya tienen un lugar señalado para habitar y laborar: en los negocios del Padre. Cuando uno busca algo es que no lo tiene a la mano o se le a perdido. Jesús dejó claramente establecido que él no estaba perdido ya que se encontraba en el lugar correcto; en el trabajo de su Padre, estableciendo la Palabra del Reino de Dios.

Para tener éxito en el llamamiento de Dios para tu vida tienes que:

1. Aprender a oír la voz de Dios
2. Ser tardo para hablar
3. Ser tardo para airarte

Por esto, mis amados hermanos, todo hombre sea pronto para oír, tardo para hablar, tardo para airarse; porque la ira del hombre no obra la justicia de Dios.
Santiago 1:19

El aprender a oír la voz de Dios te traerá sabiduría. La sabiduría es tener prudencia (saber discernir entre lo bueno y lo malo de todas las cosas). En Mateo 10:16, Jesús nos exhorta a ser prudentes como la serpiente. La sabiduría es tener un conocimiento profundo sobre las cosas. El tener sabiduría nos permite mostrar inteligencia (conjunto de cualidades que permiten la adaptación al medio ambiente y la capacidad de pensar y resolver problemas). La sabiduría te permitirá establecer relaciones con otras personas de una manera adecuada velando por el bienestar de todos. La prudencia te permitirá saber elegir entre lo que Dios quiere que realices y a abstenerte de cosas que no obran a favor tuyo. La sabiduría te permite entender y saber cuando hablar, que decir y como decirlo. La sabiduría te permite tener la formación de carácter y temperamento correcto para poder crecer y vivir en este mundo y sobre todo para mostrar el reino de Dios y su justicia.

El aprender a oír te llevará a crecer en estatura. Se define estatura como la altura de una persona desde los pies a la cabeza. La estatura tiene un fundamento (cimiento o base) que son los pies. Los pies dan estabilidad, firmeza y seguridad. Nuestro fundamento esta puesto en Cristo, que es la roca. Es decir nuestros pies deben estar cimentados en el camino de la verdad. En Jesús, quien es nuestro camino, la verdad y la vida (Juan 14:6). En el hay seguridad eterna ya que el reinado de Nuestro Padre Dios es inconmovible y eterno. Parte de la formación de la estatura tiene que ver con la función habilidad y está representada por medio del tronco de nuestro cuerpo. La parte del tronco es la parte media donde no se consideran las extremidades (brazos, piernas). En esta parte de nuestra altura se encuentran los órganos principales de todos los sistemas del cuerpo (hígado, riñones, etc), pero el que mas me interesa es el corazón. La Palabra de Dios nos señala lo siguiente:

Hijo mío, está atento a mis palabras; Inclina tu oído a mis razones. No se aparten de tus ojos; guárdalas en medio de tu corazón; Porque son vida a los que las hallan, y medicina a todo su cuerpo. Sobre toda cosa guardada, guarda tu corazón; Porque de él mana la vida. Aparta de ti la perversidad de la boca, y aleja de ti la iniquidad de los labios. Tus ojos miren lo recto, y diríjanse tus párpados hacia lo que tienes delante. Examina la senda de tus pies, y todos tus caminos sean rectos. Proverbios 4: 20-26

Cuando el ser humano guarda su corazón para Dios, la Palabra de él permanece y da un fruto bueno dirigido por su Espíritu Santo. Un corazón saludable permite una vida duradera en la tierra y a nivel espiritual te lleva a una eternidad con Dios en su reino. Tenemos una responsabilidad delante de Dios de guardar el corazón de toda ira, resentimiento, amargura y dolor. Es necesario preservar el corazón lleno del amor de Dios ya que solo así él puede permanecer y manifestarse en nuestra vida.

Otra parte del cuerpo que permite conocer la estatura del individuo es la cabeza la cual se relaciona con el intelecto, el juicio y la razón. La cabeza en el cuerpo humano representa la superioridad como principado y autoridad. La cabeza es la parte superior del cuerpo en donde se hallan los principales centros nerviosos y los principales órganos de los sentidos. Los hijos de Dios tienen la mentalidad de acuerdo a la de Jesucristo. Son cabeza y no cola. Hay autoridad y poder de influencias cuando ejercemos el llamamiento de parte de Dios bajo su conocimiento e inteligencia.

Saber oír te traerá la gracia (su favor) de Dios. La gracia es la ayuda extraordinaria, un favor o bien que se hace o se recibe sin merecerlo. Se puede definir como el perdón de Dios. Se recibe el amor, la misericordia, la bondad y el perdón de Dios constantemente en nuestra vida. Cuando leemos en la lectura de Lucas 2: 41 al 52 que Maria la madre de Dios guardaba en su corazón todas las situaciones que ocurrían con Jesús se aprecia que esta veía el favor de Dios sobre su hijo. La

Palabra señala que Jesús crecía en sabiduría, estatura y gracia para con Dios y los hombres. De esta misma manera debe ser el crecimiento para alcanzar el éxito en el llamamiento de parte de Dios para cada vida que le sirve. No debemos adelantarnos a los tiempos de Dios pero tampoco debemos ser tardos (lentos) y actuar en el tiempo oportuno. Nuestro éxito lo sustenta Dios por medio del crecimiento en su Palabra y nuestro testimonio. Somos testigos de la obra manifiesta de Jesús y solo nos resta reinar con éxito.

Cuando Dios hace un llamamiento a la vida de una persona, se estable en muchas ocasiones una inconformidad con las tareas comunes del día a día. Hay que tomar decisiones que se dejan para luego y se siguen posponiendo. Se comienzan a dar palabras de justificación para no enfrentar el momento de asumir el llamamiento al servicio ministerial. Y lo que es peor la pasión que Dios ha puesto en ti está tan latente que no te permite sentirte cómodo y confiado en lo que estás realizando. En ocasiones Dios necesita confrontarte con tu realidad para que entiendas que tienes que avanzar hacia la ejecución del llamamiento ministerial.

¿Quieres que te lleve a una confrontación contigo mismo?, pues vamos. Luego tu podrás decir si lo que te presento aquí es real o no. Te pregunto: ¿Sientes que a esta etapa de tu vida has realizado las aspiraciones que tienes en el Señor, tomando como fundamento la palabra que él ha declarado sobre tu vida? ¿Sientes algo muy dentro de ti que te hace preguntarte cuando será el tiempo del Señor? Piensas … ¿Cuando se cumplirá la palabra de parte de Dios en mi vida? ¿Estás en el servicio ministerial de Dios haciendo muchas o algunas cosas que son común, pero sientes que no te llenan?

¿Deseas un cambio, un giro hacia alguna dirección o un cambio radical? ¿Ese cambio que deseas está encaminado a una pasión que Dios mismo ha puesto en ti y que promueve la evangelización de su Palabra y la salvación de almas? ¿No sientes que el trabajo que realizas te lleva a ayudar a los demás trayendo una satisfacción personal y que estas dejando una huella en la historia de la humanidad? Esta última pregunta se ve algo humanista pero resta decir que la realidad es que nosotros como Hijos de Dios debemos dejar huellas o marcas en los seres humanos con los cuales nos relacionamos diariamente. Eso fue lo que hizo Jesús en su caminar en esta tierra. La gran pasión que lo movió todo el tiempo a realizar grandes milagros y que lo llevo a entregar su vida en la Cruz del Calvario lo fue su gran e incomparable amor hacia la humanidad. Es decir que el amor se muestra en obras, el amor se siente y se ve. Seguimos... Si contestaste que sí a alguna de las preguntas anteriores, créeme, vives en una vida cotidiana, donde para ti las cosas son comunes y respondes a unas responsabilidades (que no esta mal), pero no estás encaminándote o haciendo lo necesario en tu vida para vivir plenamente bajo la voluntad de Dios.

Vivir bajo la voluntad de Dios trae satisfacción y el deseo de realizar nuevas metas. Tienes que accionar los sueños que Dios te ha hecho soñar. Tienes que dejar el temor y vivir bajo la confianza de lo que Dios tiene para ti. Hay cosas que no son entendibles a la mente humana pero que están bajo el pensamiento de Dios y lo que te hace sostenerte es la convicción de que ese pensamiento es real y esto no es demencia es una cuestión de fe y de obediencia. Recuerda, solo tu sabes el llamamiento que Dios ha puesto en tu corazón y esto es algo que solo tu o personas tan maduras espiritualmente como tú pueden entender. Que no desfallezca tu corazón ni tu pasión. Te pido que continúes caminando y mirando hacia adelante el camino ya está preparado para ti, solo tienes que caminarlo. ¿Crees tú que Eliseo hubiera llegado a ser el sucesor del gran profeta Elías, si se hubiera puesto a pensar en su ganado, en su herencia terrenal y en su posición ante la sociedad? La respuesta es no. Dios tiene para ti cosas mayores y aún más grandes que no han subido al pensamiento del hombre.

Antes bien, como está escrito: Cosas que ojo no vio,
ni oído oyó, ni han subido su corazón de hombre
son las que Dios ha preparado para los que le aman.
1 Corintios 2:9

Los pensamientos de las cosas que Dios quiere para los que aman a Jesús son reveladas por medio de su Espíritu Santo cuando Dios pone un sentir en tu vida para que realices una tarea, un servicio o un ministerio es porque es bueno para ti y favorece a otros. El desea que lo realices. ¿Y cuando es el tiempo? Dios te hará saber cuando es el tiempo. En ocasiones se requiere un preparación con instrucciones que Dios pone en tu corazón. Para otros el momento es ahora. Pero solo el Espíritu de Dios te dará la certeza de que es así. No te dejes influenciar por personas que lo cuestionan todo y lo razonan todo. Quien conoce tu corazón es Dios y él te hará entender los tiempos, el propósito y la finalidad de las cosas. Ahora solo te pido que aprendas a detectar las temporadas de tu llamamiento lo cual no es algo difícil o absurdo, solo es cuestión de saber tomar la dirección correcta y de eso se encargará el Espíritu santo de Dios ya que él es tu guía.

Te mencioné anteriormente la pasión y el fuego que Dios pone en nuestros corazones por hacer su voluntad, para trabajar a su servicio y en su ministerio. Es una pasión y un fuego que consume el cuerpo. Que cada vez que hablamos sobre eso nos emocionamos y nos late el corazón muy rápido. Trae también alegría a nuestra vida y sabemos que tenemos un llamamiento para realizar lo que sentimos. Esta pasión y este fuego es la base de la estructura completa de nuestra vida. Es el propósito para el cual fuimos creados y al cumplirlo lograremos una satisfacción de una vida plena y gratificante. Eres de gran valor en esta creación y tienes mucho que aportar y también mucho que recibir.

El llamamiento de Dios para Eliseo

Hay varios puntos que debes observar del profeta Eliseo y son los siguientes:

1. Eliseo fue un hombre destinado bajo una promesa donde el poder de Dios era constantemente evidente.
2. Este fue un hombre de liderato en su época, por medio de la unción y el don profético de Dios, trajo revelación de la voluntad de Dios para una nación. El trabajo que realizaba Eliseo como agricultor le sirvió como base para dar guianza a un pueblo. No con mensaje y palabras humanas sino con la revelación de la Palabra de Dios (Cuando Elías lo encuentra este estaba guiando doce yuntas de bueyes en el arado de la tierra).
3. El Profeta fue un hombre fuerte y trabajador. No estaba en la vagancia o en la dejadez de la vida. La vagancia es un espíritu de esclavitud y de retraso en la adquisición de tu herencia como hijo y siervo de Dios. Eliseo era un hombre capaz y tenia habilidades que se habían desarrollado durante su vida las cuales le servirían en su ministerio profético.
4. Este hombre honraba a su padre y a su madre como lo dice la Palabra de Dios. El fue a despedirse de sus progenitores antes de partir a realizar el llamamiento de Dios. Es necesario entender que debemos llevar una vida respetando a los seres queridos y al prójimo.
5. El ser determinado en sus actos (decidido) es uno de los rasgos distintivos del profeta Eliseo. Cuando fue llamado por el profeta Elías ante el llamamiento de Dios este vino corriendo. No se paro a pensar en todo lo que tenia que dejar y no se detuvo ante el pensamiento de que cosas le restaban por hacer antes de ir al propósito de su vida. Sencillamente

fue decidido y corrió ante la palabra del profeta. Esta determinación muestra la confianza y seguridad que él como individuo poseía (dejo lo bueyes y le siguió) para avanzar y establecer el principio de su llamamiento.

6. Eliseo pudo entender el llamamiento de Dios para su vida y lo aceptó con contentamiento. Estar en los negocios del Reino de Dios trae alegría y satisfacción a nuestro corazón. La Escritura nos muestra que Eliseo hizo una repartición de alimentos luego que se despidió de sus padres (fue y los besó). La separación de Eliseo de sus padres, vecinos y amigos fue llevada bajo un acto de bendición. Los sucesos ocurridos en la porción bíblica en 1 Reyes 19:19-21 denotan que todo tiene un orden que llevan a la realización del llamamiento de Dios en la vida de este hombre.

7. Eliseo fue un profeta servidor. Comenzó a caminar dirigido por un mentor (consejero o guía de otro) que en este caso lo fue Elías quien fue un hombre lleno del poder del Espíritu Santo de Dios. Estuvo ocupando el puesto de discípulo y de servidor. Servía al profeta Elías, no le perdía las pisadas. Siempre estuvo al lado de su Mentor hasta el momento en que Dios se lo llevó al cielo. En otras palabras hubo una disposición completa e incondicional ante el llamamiento y su preparación. Para poder recibir la unción profética de Dios, como la podemos ver en Elías y Eliseo, hay que estar dispuesto a ser discípulo y servidor. Hay que capacitarse y hay que servir, es parte del proceso hacía la unción profética de Dios. En la capacitación se establece un proceso de madurez espiritual.

El llamamiento de Dios para ti

En relación a los puntos mencionados sobre el llamamiento de Elíseo por parte de Dios quiero hacer unos señalamientos paralelos para beneficio del lector. Primero quiero que entiendas que tú fuiste creado bajo un propósito de Dios para que lo lleves a cabo en el proceso de tu vida. Dios no es uno dictatorial o que tiene ya una predestinación de sucesos para tu vida establecidos sin ningún modo de cambio. Entiende que Dios es un Dios de justicia. El como Dios de todo conocimiento sabe todo lo que es de beneficio para ti. El te ama y desea que tu experimentes una vida llena de amor y felicidad. Para que puedas vivir en paz y tu existencia sea una de satisfacción para ti y de bendición para tus semejantes. Voy a detallar los puntos de acuerdo al orden anteriormente expuesto:

1. La promesa de Dios al igual que fue dada para Eliseo es dada para ti. Si has conocido a Jesús como tu Salvador, vienes a ser hijo de Dios, coheredero conjuntamente con Jesús en la heredad del Padre (Romanos 8:17). En otras palabras todas las promesas bíblicas son tuyas. ¿Sorprendente, no? Créelo, son todas tuyas. Sinceramente espero que estés viviendo la Palabra de Dios, ya que al hacerlo las promesas de Dios van contigo y te bendicen.

2. Como persona llamada por Dios bajo su Palabra y con sus promesas entras en una capacitación que te llevará a desarrollar una posición de liderato ante los demás. Esto es así ya que el llamamiento es para ti y solo tu sabes la visión que Dios ha puesto en tu corazón y en tu mente. Nadie la puede realizar por ti. La visión de Dios en tu vida tiene un esquema personal y único, solo tienes que comenzar la marcha. Ya tienes una capacitación con la formación de experiencias vividas, del resto se encargará Dios en la manera en que te consagres a él y seas obediente ante su llamamiento.

3. Recuerda que Dios te ha llamado a realizar un trabajo que envuelve tiempo, sacrificios, y entrega total de todas tus fuerzas físicas y emocionales. Tienes que estar ocupado en los trabajos ministeriales del Rey de Reyes y Señor de Señores. La vagancia no es para los hijos de Dios. El propósito de Dios es que como lideres de él nos

mantengamos trabajando en el servicio ministerial o a nivel clerical, pero que llevemos el mensaje de Dios a otros. Dios no quiere vagos, el busca gente que se decida a trabajar y lo haga hasta llegar a la meta final (1 Corintios 15:58). Si en algún momento de tu caminar entiendes no tener las fuerzas para avanzar en tu ministerio, permite que sean las fuerzas de Dios las que te sustenten. Estas fuerzas las obtendrás por medio de la consagración y la intimidad con Dios.

4. Un gran mandamiento de la Palabra de Dios es que debemos amar a nuestro prójimo como a uno mismo (Mateo 22:39). También señala que se debe honrar a los padres para que los días de vida sean alargados (Éxodo 20:12). La base de ambos pasajes es el amor manifestado hacía otros. Así es Dios. Su esencia es amor y si deseas estar bajo la cobertura de unción y revelación profética de parte de Dios tienes que permitir que su amor habite en ti. Es de vital importancia que una vez que te acerques a Dios permitas que su amor inunde todo tu ser, ya que es de la única manera en podrás sobrellevar el llamamiento de Dios. Este amor primero va dirigido a Dios y luego a otros ya que es Dios mismo el que te lo da. Tu solo no puedes amar. El amor proviene de Dios. Cuando amas tu vida cambia de manera significativa. Encuentras el sentido correcto a tu vida. El amor te capacita para superar muchas adversidades y dar inicio a situaciones nuevas y creativas de vida. Cuando le pones amor y empeño a lo que realizas empiezas a disfrutarlo y esto viene a formar parte de ti. Hay una descripción súper hermosa de lo que es el amor en 1 Corintios 13, la comparto contigo.

El amor es sufrido, es benigno; el amor no tiene envidia, el amor no es jactancioso, no se envanece; no hace nada indebido, no busca lo suyo, no se irrita, no guarda rencor; no se goza de la injusticia, mas se goza de la verdad. Todo lo sufre, todo lo cree, todo lo espera, todo lo soporta. El amor nunca deja de ser. 1 Corintios 13:4-8

El respecto y dar valor al prójimo te hace acepto delante de Dios. Mira en las Sagradas Escrituras, lo que movió al Hijo de Dios a morir en la Cruz del Calvario, fue su amor. ¿Por quién? Por ti. El te ama y deseas que seas feliz. Quizás estás pasando por un mal momento, ora a Dios, has lo que este de tu parte hacer, pero por medio de tu fe y oración espera, que él se ha comprometido contigo a socorrerte. Recuerda siempre, tienes un llamamiento. Solo a ti se ha mostrado la visión y Dios quiere que la realices bajo su amor, con respeto y consideración con los demás. En el libro de 1ra de Juan 4: 7 al 11 hay una preciosa revelación en cuanto al amor del Padre y el amor al prójimo. Esta revelación de la Palabra de Dios es para ti.

Amados, amémonos unos a otros; porque el amor
es de Dios. Todo aquel que ama, es nacido de Dios,
y conoce a Dios. El que no ama, no ha conocido a Dios;
porque Dios es amor. En esto se mostró el amor de
Dios para con nosotros, en que Dios envió a su Hijo
unigénito al mundo, para que vivamos por él. En esto
consiste el amor: no en que nosotros hayamos amado
a Dios, sino en que él nos amó a nosotros, y envió a su
Hijo en propiciación por nuestros pecados. Amados,
si Dios nos ha amado así, debemos también nosotros
amarnos unos a otros.

5. Te pregunto: ¿Crees que puedes realizar un trabajo completamente hasta terminarlo si estás lleno (a) de inseguridades, complejos y dudas? Ya sabes la respuesta, es NO. Y esto es así porque no se puede ir por la vida actuando con cobardía e inseguridad. Las cualidades de inseguridad y temor a lo por venir evidencian una vida de tropiezos y de falta de conocimiento ante las situaciones de la vida. La falta de conocimiento llega porque no se arriesga nada ante el conocimiento. No hay porque hacer, buscar o entender. Las dudas llegan por la falta de

confianza en Dios y en uno mismo. Mencioné la palabra complejos ya que hay mucha gente en el mundo que utilizan sus complejos como zapatos en el caminar de la vida. No se los quitan ni siquiera para bañarse, descansar o dormir. Mas allá de todo esto, son su plato principal ante la realidad de la vida. El enemigo de las almas es un especialista en introducir la culpa, la baja autoestima o un bajo auto concepto sobre la personalidad del individuo para mantenerlo sujeto y atado para que no reciban las grandes promesas de Dios y se cumpla el propósito de éxito para su vida.

Es importante que reconozcas la posición de privilegio que tienes como hijo de Dios. Este te ha otorgado conocimiento y destrezas que puedes utilizar para enfrenar la situación más dura que puedas pasar. Me encanta leer la Palabra de Dios cuando dice que el yugo en el Señor es fácil y su carga ligera (Mateo 11:30). En otras palabras como dicen en mi barrio: "Dios no te da carga que tu no puedas llevar". Y lo más importante es que en medio de todo proceso él está contigo porque te ama. Quizás ahora no entiendas por la situación que estás pasando pero llegará un momento en el cual entenderás. Dios cuida de sus hijos, de aquellos que viven y guardan su voluntad. ¿Porque te menciono todo esto? pues fácil, porque en los caminos ministeriales de Dios solo hay lugar para aquellos que toman decisiones firmes y por supuesto las saben tomar para el beneficio de la evangelización del mundo (de las almas), para el bienestar de otros y para satisfacción personal del que recibe el llamamiento al servicio.

No podemos aferrarnos a las cosas materiales. El reino de Dios en la tierra fue presentado por el testimonio vivido por su Hijo Jesús. Una vez que Jesús asciende a los cielos, el Espíritu Santo de Dios permanece en nosotros como guía y consolador. Dios en su amor nos ha provisto de lo mejor, nos ha provisto de él mismo. Cuando recibes el llamamiento de Dios en tu vida es momento de tomar decisiones. Es momento de permitirle al Espíritu Santo que te guíe. Nuestra mente racional esta atada a todo lo físico y material. Nuestra mente debe ver lo espiritual ante lo terrenal, ya que nuestra recompensa ante todo el servicio ofrecido en esta tierra va a ser espiritual, eterno. Con esto no quiero decir que no se va a tener alguna satisfacción personal por el servicio a Dios. Todo lo contrario el hacer la voluntad del Padre será tu alimento y todo alimento adecuado es bueno al estómago y al cuerpo.

No te afanes, pero tampoco te sientes a esperar demasiado, cuando la realidad es que hay mucho trabajo que hacer en estos momentos. Ten la certeza y la seguridad de que Dios te va a respaldar, te va a equipar y abrirá puertas en tu vida para que puedas llevar toda esa pasión que sientes por la obra de Dios. Y la visión que él ha puesto en ti la realizarás en el tiempo preciso y exacto de Dios. Nada te faltará, el te sustentara y serás bendición a los tuyos y donde quiera que te pares. Eres un embajador del reino del Supremo Dios. Corre ante el llamado de Dios, con paso preciso y confiado. No te aferres a las cosas materiales, disfrútalas, pero sigue hacia una dimensión nueva de vida ante el llamado de Dios. Espero que cuando el ministerio que Dios ha puesto en tus manos comience a desarrollarse con unción y revelación profética tu puedas declarar lo siguiente:

El Espíritu del Señor está sobre mí, por cuanto
me ha ungido para dar buenas nuevas a los pobres;
Me ha enviado a sanar a los quebrantados de corazón;
A pregonar libertad a los cautivos, y vista a los ciegos;
A poner en libertad a los oprimidos; A predicar el año
agradable del Señor. Lucas 4: 18 al 19

Que tu confianza esté en Dios siempre, él es tu fortaleza, tu castillo fuerte. Anímate a cambiar tu rutina de vida ante las buenas noticias de Dios para el mundo. Decídete a realizar todo lo necesario para que sea predicado el año agradable del Señor. ¡Tienes que avanzar y establecer el comienzo del ministerio al cual fuiste llamado!

6. El libro de los Salmos hay una porción bíblica la cual dice que por Jehová son ordenados los pasos del hombre, y él aprueba su camino (Salmo 37:23). Así que no hay porque temer. Es Dios quien ordena tus pasos en el ministerio, así que él sabrá por cual camino te lleva. No se si has experimentado caminar por un lugar donde la naturaleza te muestra su hermosura. La experiencia es exquisita. Se puede sentir en el corazón paz, agradecimiento, asombro ante una creación suprema y contentamiento de alma y espíritu. Pues algo así es lo que Dios desea que sientas en el transcurso del recorrido de la vida en tu llamamiento ministerial. Claro me quedo corta de palabras ante tantas emociones que se pueden experimentar y sentir. Pero lo que deseo es que entiendas que en los caminos de Dios hay mucho gozo, alegría para el alma y esto debido a la obra redentora de nuestro Señor Jesús que fue realizada en la Cruz del Calvario. Cuando tus pasos son ordenados por Dios entras bajo su cobertura espiritual. Vienes a ser una persona bendecida. Para otros vas a ser de mucha bendición ya que eres portador de la misma. Y recuerda que él va a tener todo bajo control. El llamamiento de Dios es contentamiento para tu alma, cuerpo y espíritu. Ve de gloria en gloria, no en vanagloria, sino resaltando los atributos de Jesús en ti para la gloria de Dios.

7. El servicio en el área ministerial es súper importante. Jesús mismo en su Palabra nos dice que él no vino a ser servido si no a servir. Como hijos de Dios, este nos capacita por medio de su Espíritu Santo para llevar y manifestar

su fruto en amor, paciencia, benignidad, bondad, paz, fe, gozo, mansedumbre y templanza (Gálatas 5:22-23). Quien pone el deseo de querer y hacer las cosas en tu corazón es Dios. Por tanto la pasión que Dios ha puesto en tu corazón es el producto de la relación de intimidad que tu has mantenido con él. No debes tener temor cuando te decides servir en el Ministerio de Cristo al cual fuiste llamado. Tienes las herramientas necesarias y básicas para comenzar. En el proceso Dios se encargará de abastecer todas tus necesidades ya sean físicas, emocionales o espirituales. El servicio trae honra y bendición al que lo brinda. Son muchos los llamados y muy pocos los escogidos. Esto te lo digo ya que son muchos los que se acercan para trabajar en la obra de Dios pero son pocos los que se entregan, sacrifican y persisten en caminar por el llamamiento ministerial que tienen. El servicio en ocasiones es muy sacrificado ya se emplea mucho tiempo en el mismo y no todo el mundo ve el esfuerzo y dedicación que se ofrece. En ocasiones no hay ningún tipo de retribución de agradecimiento. Pero lo importante no es lo que te puedan dar sino lo que tu des y aportes en el mejoramiento de una o varias vidas. Nuestra recompensa va más allá de algo simple, natural y terrenal. Nuestra recompensa sobrepasa el tiempo, es eterna y de eso se encargará Dios quien es el creador y dueño de todo.

Y todo lo que hacéis, hacedlo de corazón,
como para el Señor y no para los hombres;
sabiendo que del Señor recibiréis la recompensa
de la herencia, porque a Cristo el Señor servís.
Colosenses 3:23 al 24

Acepta tu llamamiento para servir y confía en Dios él hará que su luz resplandezca para ti y tu generación. Esta Palabra de Dios es para ti, guárdala como un tesoro en tu corazón.

Entonces nacerá tu luz como el alba, y tu salvación se dejará ver pronto; e irá tu justicia delante de ti, y la gloria de Jehová será tu retaguardia. Entonces invocarás, y te oirá Jehová; clamarás, y dirá él: Heme aquí. Si quitares de en medio de ti el dedo amenazador, y el hablar vanidad; y si dieres tu pan al hambriento, y saciares al alma afligida, en las tinieblas nacerá tu luz, y tu oscuridad será como el mediodía. Jehová te pastoreará siempre, y en las sequías saciará tu alma, y dará vigor a tus huesos; y serás como huerto de riego, y como manantial de aguas, cuyas aguas nunca faltan. Y los tuyos edificarán las ruinas antiguas; los cimientos de generación y generación levantarás, y serás llamado reparador de portillo, restaurador de calzadas para habitar. Isaías 58: 8 al 12

Ante el llamamiento de Dios para tu vida debes entender que debes tener o adquirir en el proceso de capacitación por medio del Espíritu Santo de Dios lo siguiente:

1. Ser disciplinado.
2. Conocer las temporadas y el tiempo de Dios.
3. Ser obediente a la voz de Dios y a su llamamiento.
4. Tener y abundar en discernimiento del Espíritu Santo de Dios.
5. Tener revelación de Dios en cuanto a sus planes y propósitos.
6. Ser desprendido ante todo lo material y buscar las cosas espirituales.
7. Tener un corazón de servidor.
8. Ser recipientes del amor de Dios y saber brindarlo a otros con respeto.
9. Ser ministro con visión espiritual que promueva la evangelización para el mundo, estableciendo el reino de Dios.
10. Ser perseverante hasta lograr lo que se desea obtener.
11. Mantener intimidad con Dios en consagración.

12. Confiar en la promesa de Dios para tu vida sin importar lo que veas, digan o hagan otros.

En Dios siempre hay ganancias, sirve en amor, de todo corazón, viendo a las personas como son: con sus debilidades y fortalezas. Esto te llevará a entenderlas y amarlas. Entonces entenderás tu llamamiento ministerial, tu llamamiento de servicio. No debes permitir que el llamamiento que Dios hizo para tu vida sea enterrado por actos o palabras de otros. El llamamiento es para ti y eres tú quien debes realizarlo. Debes persistir en que se concrete el mismo, no importando las circunstancias negativas que enfrentes, ni las comodidades que el mundo te pueda brindar que en ocasiones sirven de obstáculos para lograr la meta. El enemigo de las almas te hará la lucha las 24 horas del día, los 7 días a la semana y los 365 días al año (24/7/365). No temas, el enemigo de las almas (Satán) está derrotado. Cristo lo venció por medio del hecho redentor de su muerte y la resurrección de entre los muertos. El profeta Jeremías en una de sus lamentaciones (Jeremías 20:9) señala que en ese momento de su vida, cuando pasaba por una situación desagradable, en la cual se sintió humillado, a pesar de que no quería llevar la palabra de Dios al pueblo hubo algo que lo llevo a ir hacía adelante. Dentro de él había un fuego ardiente en su corazón y en sus huesos que lo consumía. Este fuego, que se puede asimilar a la unción o pasión puesta por Dios, es el mismo que arde en muchos corazones hoy en día. Hay muchos llamamientos con el deseo de realizar el mandato de Dios que ha sido dado por su Palabra. El llamamiento de Dios en tu vida tiene mucha importancia. También importa lo que tu puedas sentir, pero lo que le da autenticidad a todo esto es que Dios ha depositado de su esencia en ti para que bajo su divina voluntad puedas utilizarla. Da a otro de todo lo bueno que tienes. Hay un tesoro de cosas valiosas en ti que otros necesitan. Sal de todo lo cotidiano y común y dirige tu vida a cosas mayores que son necesarias para el cumplimiento del propósito de Dios en tu vida. Es tiempo que hagas todo lo necesario para avanzar, sirve, no pierdas tiempo. ¡Ya tienes el fuego y la pasión que te consume los huesos! Haz sentido el llamamiento de parte de Dios. Ahora, ¿Que vas a hacer? El Maestro de maestros, Jesús, estará contigo siempre en el camino, no te dejará y si desmayares o cayeras, te levantará. Eres un vencedor.

Capitulo III

CREER EN LA PROMESA

(Creer)

*Y el ángel de Jehová se le apareció, y
le dijo: Jehová está contigo,
varón esforzado y valiente. Y Gedeón
le respondió" Ah, señor mío,
si Jehová está con nosotros, ¿Por qué
nos ha sobrevenido todo esto?
¿Y dónde están todas sus maravillas,
que nuestros padres nos han
contado, diciendo: ¿No nos sacó Jehová
de Egipto? Y ahora Jehová
nos ha desamparado, y nos ha entregado
en mano de los madianitas.
Y mirándole Jehová, le dijo: Ve con esta
tu fuerza, y salvarás a Israel
de la mano de los madianitas. ¿No te
envío yo? Jueces 6:12 al 14*

La historia de Gedeón es una de valentía y de fe. En esta porción de la escritura del libro de Jueces, Gedeón es presentado como un hombre astuto, que bajo el temor de perder sus cosechas (alimentos) se dedicaba a esconder todo lo cultivado de los ladrones madianitas y amalecitas. Para ese tiempo estas dos razas poderosas en fuerza como naciones prevalecían sobre el pueblo de Israel. Viendo el panorama para la vida de Gedeón, este no era muy alentador. No es fácil vivir atemorizado, escondiéndose, caer en la pobreza, y estar bajo la destrucción de aquellos que no han padecido persecución. Se muestra a un Gedeón afanado en hacer la labor de rescate y de salvaguardia de los alimentos de su familia. La vida de muchas personas es parecida a la de Gedeón. En ocasiones se vive como este hombre, guardando lo poco que queda y retazando los bienes y alimentos para poder sobrevivir. ¿Te ha sucedido alguna vez? Se que la respuesta es sí. Haz invertido mucho tiempo trabajando en lograr la obtención de algo de valor y velas para que otros no tomen parte de tus bienes y posesiones ya que en ocasiones han tratado de aprovecharse de lo que te ha costado conseguir con mucho sacrificio y esfuerzo. En ocasiones te ha causado molestia y resentimiento ya que en la mayoría de los casos las personas que se atreven a realizar tal acción son seres cercanos a ti, provocándote esto un dolor muy profundo. Pero, ¡anímate! Siempre hay un momento de esperanza y de certidumbre en nuestras vidas, ya que nuestro trabajo no es en vano (1 Corintios 15:58). Puedo señalar que Gedeón a pesar del gran temor que evidencia en esta historia es mostrado como un hombre muy laborioso y persistente en su meta. Otra persona en la situación que él enfrentaba por la falta de protección, hubiera permitido la ruina completa de las cosechas ante la desesperanza de la opresión de otros más fuertes.

La situación de opresión entre el más fuerte y el débil es una natural y cotidiana en nuestra humanidad. ¿Te has preguntado alguna vez, por qué esta situación del fuerte y débil es así? Muchos expresarían que es una situación normal de vida, donde el más fuerte termina con el menos fuerte o débil por el uso de la inteligencia y de aquellos recursos que disponga que sepa utilizar. Se puede ver el punto del fuerte y el débil desde una visión de clase social, etc. Mi pensamiento en relación a esto es el siguiente: No hay porque ser fuerte y oprimir al débil ya que en la formación de cada personalidad existe un grado de fortaleza y en algún momento será evidente. La persona que no ha reconocido su fortaleza simplemente está en un proceso de formación en el cual no ha aprendido su posición, y tiene falta de conocimiento (sabiduría, inteligencia) para los demás. Yo no le llamo débil, sino desconocedor de su fortaleza. La fuerza no necesita evidenciarse ante el desconocimiento de otros. Tiene que manifestarse para conocimiento propio y para servicio de los demás. Siempre existirá la presencia de ambas cualidades en el ser humano, y si algún día no te quieres ver en la posición de desventaja ante otros por la imposición de la fuerza, tienes que aprender a actuar de manera justa aunque otros no entiendan tu posición. Es de sabios la justicia bien impartida.

Tu trono, oh Dios, es eterno y para siempre;
Cetro de justicia es el cetro de tu reino.
Has amado la justicia y aborrecido la maldad;
Por tanto, te ungió Dios, el Dios tuyo, con
óleo de alegría más que a tus compañeros.
Salmos 45: 6 al 7

Hay que tener un control de nuestros pensamientos y acciones, aprendiendo y poniendo en acción el respeto y el amor hacía el prójimo. Ya que en algún momento tendrás una situación de debilidad o fortaleza para bien o para mal en tu vida. Es decir ambas fuerzas habitan en el ser humano por su condición pecaminosa y de libre voluntad ante Dios. El carácter del ser humano no tiene que ser débil todo el tiempo ya que desde su creación Dios estableció una creación perfecta y completa. Dios siempre tiene un plan a seguir y ante la debilidad del hombre, Dios evidencia su perfección mostrando su poder (2 Corintios 12:9). Ante los momentos de debilidad, él Señor manifiesta su poderosa fortaleza que sobrepasa todo entendimiento humano. Por tal situación anteriormente, al mostrar la situación de vida de Gedeón señalé el término de la opresión de otros más fuertes (madianitas y amalecitas). No visualizo a Gedeón como un hombre débil sino como uno con falta del conocimiento pleno de su personalidad y del propósito de Dios para su vida. Por dicha razón tuvo que ocurrir una revelación del Dios de todo conocimiento en su vida para que creyera y viera su potencial. El conocimiento de revelación se realizó cuando la palabra de Dios llegó a su vida por medio del mensaje del ángel de Jehová. Es necesaria una palabra del llamamiento de Dios en la vida de todo ser humano, para creer en la promesa y poner en acción todo lo necesario para el cumplimiento de ésta. Para el cumplimiento de ese llamamiento no vas a estar solo, la presencia de Dios estará contigo en todo momento. Tienes que tenerlo claro: Si Dios te llamó, él te sostendrá en dicho proceso, él será fiel hasta la eternidad (no tiene fin). ¡Así que hay que caminar, no te detengas! Tienes grandes distintivos que te llevarán a realizar lo que Dios ha puesto en tu corazón.

Tus cualidades de herencia como hijo de Dios

Gedeón como salvaguardia de sus pertenencias no se daba cuenta de que este poseía las siguientes cualidades: guerrero, guía, persona que sabe custodiar, amparar y vino a ser la garantía de cambio de un pueblo al escuchar y realizar la voluntad de Dios. Deseo abundar sobre estas cualidades innatas de Gedeón. En Jueces, capitulo 6, se puede leer la historia completa de la vida de este gran hombre. Tuvo un llamamiento de parte de Dios para libertar un pueblo oprimido, se estableció como un gran líder bajo la guianza del que lo llamó. Cuando se le indicó que fuera y luchara por el pueblo de Israel tuvo que aprender a seguir instrucciones de parte de Dios. Fue guiado para ser guía de otros. Tuvo que aprender a dejar de quejarse y de ver imposibilidades al caminar. Cuando el ángel de Jehová le dijo que enfrentara al pueblo de Madían con sus propias fuerzas, este sabía todo lo que Gedeón podía aportar como líder. Uno de los aspectos importantes es que él poseía el conocimiento de quién es Jehová, de los grandes milagros y maravillas que realizó con sus antecesores en Egipto (Jueces 6:13). Por lo tanto el tuvo el conocimiento del poder del Dios Altísimo bien presente. Aún así su razón se manifestó poniendo como impedimento que su familia era pobre y él era el menor de su familia (Jueces 6:15). Como Gedeón, algunos de nosotros hemos puesto fortalezas mentales ante el llamamiento de Dios para nuestra vida. Conocemos de sus grandes manifestaciones de amor y hemos visto milagros y sanidades de todo tipo. Ante la razón del ser humano son inexplicables, pero para Dios no hay nada imposible. Y eso es lo que importa. De nuestra parte solo esta el obedecer y seguir la guianza del Espíritu de Dios. Quiero que entiendas: Deja la queja, la razón humana, la incredulidad, la falta de obediencia y camina hacia el llamamiento de Dios para tu vida.

Porque no hay nada imposible para Dios. Lucas 1:37

Uno de los trabajos que Gedeón sabía ejercer era el de custodiar los alimentos. Los amalecitas, los madianitas y los hijos del oriente venían contra el pueblo de Israel y terminaban con todo: alimentos, ganado, etc. Así que en el área de custodiar todo lo que Dios pusiera en sus manos no tendría ningún problema. El sabía diferenciar entre las cosas de valor y las insignificantes. Dios lo llamó a realizar una hazaña de gran valor, tanto que al ejecutar la palabra dada por Dios salvaría su nación. Dando lugar a su herencia en la tierra. Con todo esto lo que te quiero señalar es que las decisiones que tomes hoy en día marcaran el paso de tu historia en la humanidad y más que eso hacia la eternidad. Dejarás establecido un legado de vida en tu descendencia. Gedeón es un ejemplo claro de lo que es el amparo. El sabía como guardar los alimentos para que no fuesen robados, tenía su propia defensa. Pero no era la voluntad de Dios que él permaneciera escondiéndose todo el tiempo en los montes, en las cuevas y en lugares fortificados. En ocasiones son necesarias las fortalezas físicas para guardarnos del mal o de la adversidad. Hay que protegerse contra todo aquello que nos quiera hacer daño.

Existen también las fortalezas espirituales que nos ayudan a mantener nuestra mente protegida contra malos pensamientos, decisiones y sentimientos. Estas fortalezas se pueden utilizar de manera positiva o negativa como mecanismo de defensa ante las situaciones rutinarias de en la vida. Es correcto mantenerse bien alejado y protegido del mal obrando con buena voluntad. En cuanto a las fortalezas espirituales de Dios siempre he pensado que es mucho mejor mantenerse en la libertad total de vida bajo la plenitud del Espíritu Santo, que vivir prisionero ante la opresión del enemigo. No hay porque esconderse. Existen momentos de descanso, meditación y reflexión para esperar, tomar decisiones y luego continuar con la vida. No hay porque vivir como esclavo cuando la libertad está a nuestra disposición totalmente. Las fortalezas espirituales de los hijos de Dios son la fe, el amor, la verdad y una mente dispuesta bajo la voluntad de Dios. Como guerrero de Dios hay un decreto para tu vida de luchar contra el adversario. En este caso contra aquel que viene a destruir, a matar a robar y es padre de toda mentira (Satanás). El (la) guerrero (a) cristiano (a) viene a ser enlistado (a) en el ejército de Dios. En la posición, mando o jerarquía que seas establecido se te capacita con poder y autoridad. Eres parte de un ejército y nunca vas a estar solo. En toda lucha enfrentarás opresión del enemigo, quizás en algún momento puedas salir lastimado. Uno de los riesgos en la batalla es la pérdida de la vida. Esto puede ocurrir en cualquier lucha, pero recuerda siempre que antes de pasar por un proceso de muerte, tiene que ser cumplida la Palabra de Dios en ti. No temas en

Dios hay vida, ocúpate por el momento en tomar decisiones correctas y disfrutarlas. Gedeón vino a ser la garantía que Dios eligió para compensar a un pueblo desobediente. El tuvo que alzar su vista hacia su Dios, clamar y arrepentirse por la rebelión provocada por la idolatría de su pueblo, para que entonces prevaleciera la vida de la nación. Como garantía de cambio para un pueblo de mentalidad un poco estrecha, tuvo que ser escogido un hombre de liderato que supiera establecer su raza, su creencia, su llamamiento y la visión impartida por Dios. ¿Estarías tu dispuesto a ser un modelo de líder como Gedeón? El llamamiento es para todo aquel que desee salir de lo común a realizar todo lo necesario para lograr el cambio, la meta, la satisfacción personal y sobre todo el llamamiento de Dios. La obediencia de Gedeón trajo prosperidad, riquezas y descanso para él y su nación. ¿Te atreves a responder a la voz de Dios hoy?

Tu valor como creación de Dios

Al inicio de este capítulo te presenté a un hombre que se escondía. Luego durante el desarrollo de la experiencia que tiene éste hombre con Dios viene a desarrollarse como un gran guerrero y vencedor ante la devastación de la opresión de otras naciones. Y en ese proceso viene a establecerse como un hombre dotado y capacitado para retener y tomar posesión de todo lo que le quitaron a él y a los suyos. ¿Impresionante, no? No te olvides nunca que ante lo maravilloso de toda la Creación y el Universo existe la supremacía de un ser de donde sale la plenitud de la fortaleza y se llama Dios. El punto relevante está en lo siguiente: ¿Reconoces tu, que Dios te creó y que eres su hijo, y como dice su Palabra, coheredero conjuntamente con Jesús de toda la herencia suya? Por supuesto esto solo se cumple en tu vida cuando aceptas a Dios como tu Padre espiritual y entiendes y reconoces el sacrificio de Jesús en la Cruz del Calvario.

pero al principio de la creación varón y hembra los creó Dios
Marcos 10:6

Porque somos hechura suya, creados en Cristo Jesús para
buenas obras, las cuales Dios preparó de antemano para
que anduviésemos en ellas. Efesios 2:10

Y si hijo, también herederos, herederos de Dios
y coherederos con Cristo, si es que padecemos
juntamente con él, para que juntamente con él
seamos glorificados. Romanos 8:17

Cada uno de nosotros como hijos de Dios estamos dotados
de autoridad y tenemos capacidades más allá de nuestras
propias fuerzas. Tenemos que sacar un tiempo para que el
mismo Espíritu Santo de Dios nos dirija en una introspección
profunda, para poder ver la poderosa y valiosa creación que
somos. A Gedeón le tocó su momento de confrontación,
cuando el Ángel de Dios lo visitó. Como siempre estaba en
su tarea diaria de sacudir el trigo en el lagar para esconderlo.
Todo este trabajo que realizaba era algo astuto y preventivo
para poder sobrevivir. En esos momentos ese era su mundo, su
marco de referencia. No había otra alternativa ante la opresión
o dificultad recibida según el proceder de este hombre. El
momento de decisión había llegado. Gedeón fue confrontado
ante su realidad común para poder avanzar hacía lo necesario
para su vida. ¿Se quedaría él, sacudiendo el trigo en el lagar
día tras día y escondiéndose? o ¿Se levantaría como un varón
decidido a enfrentar la situación común diaria? Cuando
el ángel de Jehová se presentó lo llamó," varón, esforzado y
valiente". ¿Puede ser Gedeón un hombre valiente, cuando se
escondía de sus adversarios? Yo lo considero un hombre astuto
pero valiente no ya que aquel que demuestra valentía es el
que es decidido en actuar sabiamente y no permanecer bajo
un yugo de esclavitud o sujeción desmedida ante cualquier
opresión.

Ahora, en esta situación media algo que va más allá del pensamiento racional y es el pensamiento de aquél que todo lo ve, todo lo sabe y es Dios de todo conocimiento. Me refiero a la visión de Dios en relación a su creación. El puede ver el corazón del hombre, su fuerza, su vigor y fortaleza más allá de las circunstancias de opresión que ocurren en la vida de cada ser humano. Varón esforzado es aquel que trabaja o procede utilizando sus fuerzas más allá de lo normal. Es aquella persona que no importando su posición de carencia en la situación que enfrente saca fuerzas de donde no las tiene y continúa con su vida. Varón valiente es aquel que tiene, valor, un espíritu para la lucha y le va a todas las cosas. Este no se rinde con facilidad y siempre visualiza la victoria antes que la derrota. Así que la presentación del Gedeón temeroso, que sacudía trigo en un lagar para esconderlo, contrasta con la visión de las palabras del ángel de Jehová en cuanto a descripciones que se pueden señalar de un varón de guerra. Recuerda siempre que lo que tu no ves a simple vista, Dios lo puede ver, él conoce tu forma. El es un experto mirando los corazones. El te hace ver lo que tu no puedes ver por medio de la revelación de su Espíritu Santo. Gedeón fue el elegido para libertar al pueblo de Israel de la opresión de los Madianitas. Al ser elegido tuvo que pasar de un ámbito de lo común a lo necesario. Ya no era común el que él se levantara día a día a buscar la forma de proteger el trigo y las cosechas para esconderlo y esconderse él. Ahora era preciso que realizara la acción necesaria para enfrentar las opresiones de su vida y ser librado conjuntamente con el pueblo de todo mal y devastación. Uno de los grandes retos para este hombre sería vencer el temor y la falta de valorización de su persona. El miedo no le permite a una persona ser visionario. Cuando el ser humano no reconoce el valor de su creación única no actúa con seguridad en la toma de decisiones y en el emprendimiento de nuevas metas. Una vida llena de temores y sin decisiones es una destinada al fracaso y a la devastación de sueños y vidas comenzando con la propia.

Recuerda: El miedo aniquila el sueño de Dios puesto en ti. Cuando el ser humano no reconoce el valor que tiene como hijo de Dios crece sin identidad propia dando lugar a que su destino sea uno sin dirección, con inseguridades, culpas y hasta sin sentido de valorización hacia la vida y a todos sus privilegios, regalos y tesoros. Tienes un padre terrenal, tengas conocimiento de quien es o no. Pero mayor aun tienes un Padre Divino cuya esencia es el amor y su mejor descripción hacia todo punto de partida en la vida es que es Soberano, Eterno e Inmutable.

Tu valor como hijo del Padre Eterno

Gedeón fue hijo natural de Joás abiezerita (Jueces 6:11). El nombre de Joás significa el fuego del Señor, Dios ha dado, quien desespera o quema. En la Palabra bíblica los nombres propios tienen una descripción o identificación de la esfera espiritual del que lo posee. Es decir que el padre terrenal de Gedeón era un hombre señalado por Dios como una antorcha a nivel espiritual, aunque este se había corrompido por la idolatría al dios pagano Baal (6:25). Joás perteneció a la tribu de Abiezer y este fue uno de los 30 hombres de guerra del Rey David (1 Crónicas 11: 28). Sangre de guerreros y espíritu de valientes corría por las venas de la familia de Gedeón. Es decir que solo Dios conocía el potencial de Gedeón como guerrero y hombre de nuevos comienzos.

La razón de opresión por parte de los Madianitas hacia el pueblo de Israel fue provocada por la desobediencia, la rebelión y el pecado. Cada vez que los Madianitas avanzaban contra los Israelitas tenían un solo fin: devastarlos, para mantenerlos en pobreza a nivel físico, espiritual y mental. Cuando este pueblo se humilló y clamó a Dios, entonces se estableció una cercanía del Padre Creador y él los escuchó. Dios entonces levanta de en medio de este pueblo numeroso a Gedeón. El fue establecido para la destrucción de los adversarios, para traer la libertad y romper el yugo de opresión en él primeramente y luego en el pueblo de Israel. El nombre de Gedeón significa destructor, el que magulla o rompe. Esta descripción no esta lejos de la ejecución en el llamamiento de Dios para Gedeón ya que una de las primeras acciones que realizó luego de aceptar la palabra que le fue traida por el angel de Jehova fue derribar el altar de Baal y la imagen de Asera en tierra de su familia. El edificó un altar a Jehová luego de recibir la confirmación de su llamamiento por medio del ángel de Dios.

Dios como Padre siempre trae certeza de su Palabra y la muestra con autoridad determinada en la vida de sus hijos. No se necesita saber mucho para actuar bajo el dominio o sujeción de un Padre amoroso e integro. El valor de Gedeón como hijo de Dios, es uno de gran magnitud. En ningún momento Dios se había alejado del pueblo de Madián, sino que este pueblo se alejó de él. Se estableció un momento de espera para que se ejecutara el momento decisivo para el retorno al Padre Creador Divino, a Jehová el Soberano. En muchas ocasiones aquellos que nos llamamos hijos de Dios tomamos decisiones en la vida que no van de acuerdo al propósito de él, bajo una perfecta y buena voluntad. Se toma un rumbo que desencadena un tumulto de situaciones adversas y luego hay quejas y preguntas. Y no se encuentra una causa de porqué ocurren las cosas de esa manera. Lo cierto es que la toma de decisiones en la vida le corresponde a cada individuo de manera particular. Esto es así para que luego no pueda existir un sentido de responsabilidad o culpa hacia otros por aquello que decidimos y sale mal. Dios como tu Padre espiritual tiene un alto sentido de amor, responsabilidad, cuidado, y de nutrición hacía sus hijos. La formación de Gedeón como hijo de Dios tiene mucha valorización al punto que permitió que toda incapacidad, incredulidad e ignorancia fuera echada del conocimiento y carácter de Gedeón, para poder avanzar hacia un nuevo comienzo fuera de la devastación y la pobreza a nivel físico y espiritual. Dios es uno de provisión plena y como Padre Eterno no tienes necesidad de nada en él. La situación primaria está en que decides hacer para que tu Padre te ayude en tu camino y desarrolle en ti el potencial que tu no ves. Recuerda siempre que la esencia de Dios corre por tus venas ya que fuiste creado por un Padre eterno lleno de amor y poder. No puede existir alguna cosa que detenga tu caminar, o alguien que influencie negativamente tu llamamiento en Dios. Tienes que caminar en decisión firme y constante para que llegues a proclamar las verdades del que te llamó. La palabra de promesa del Señor se cumplirá en ti y comenzarás a llenar el vacío y a quitar la desesperanza que pueda haber sido establecida en tu vida por medio de la paternidad de Dios. Cuando decidas creer y ejecutar la palabra de tu llamamiento, desencadenarás el bienestar y la felicidad para ti y los tuyos. Tienes un Padre, tienes una herencia y esta herencia te hace poseedor de bendiciones múltiples. Solo queda que avances a obtener todo lo que tu Padre de plenitud tiene para ti. ¿ Te atreves a seguir en el camino destinado de bendición para ti? Espero que no te detengas hasta que Dios te diga que lo hagas.

Yo publicaré el decreto; Jehová me ha dicho:
Mi hijo eres tu; Yo te engendré hoy. Pídeme,
y te daré por herencia las naciones, y como
posesión tuya los confines de la tierra. Salmos 2:7

Tu felicidad

Hay muchos factores que determinan que el temor permanezca, te inmovilice y no permita que puedas llegar a la meta trazada para tu vida por Dios. El levantarte y ver que todo permanezca igual (tus mismas cosas, iguales situaciones, ninguna alternativa visible de cambio) es un factor de riesgo. En esta situación este factor de riesgo es negativo para tu vida, ya que te habitúa a una existencia vacía, sin propósito y de comodidad que quita la visión de ser emprendedor y decidido para alcanzar una satisfacción buena como calidad de vida. Cuando evalúas tu interior y hay desesperanza, falta de interés e ilusiones, falta de amor propio y amor a todo lo que te rodea; hay un factor de riesgo negativo. El ser humano tiene que entender que no estamos en este mundo para vivir solamente sin sentido de existencia. Tenemos una vida muy comprometedora que nos lleva a vivir en felicidad y en armonía con todo lo que nos rodea (con la humanidad). Y esto se cumple por medio de la ejecución del propósito de Dios en cada uno de nosotros. Recuerdo que tenía un profesor universitario que decía que la felicidad es un término que no se puede definir y que nunca se cumple totalmente en la vida de una persona. Este señalaba que hay momentos de felicidad, de alegría o bienestar pero que la felicidad absoluta no existe. Al aplicar estas palabras en mi vida me doy cuenta que el profesor universitario estaba bien equivocado. El ser humano fue creado bajo una esencia de amor perfecta y de plenitud por Dios, así que el gozo o la felicidad que yo pueda experimentar si existe, es real y puede ser absoluta. Esta felicidad no se experimenta de forma parcial sino completa (totalmente). A Dios le gusta dar las cosas en porciones completas y en abundancia. El como Dios pleno te dice: Soy amor, te doy amor, y ahora deseo que experimentes la abundancia de mi gozo por medio de Jesucristo mi hijo amado.

Bienaventurado el pueblo que sabe aclamarte;
Andará, oh Jehová, a la luz de tu rostro.
En tu nombre se alegrará todo el día,
y en tu justicia será enaltecido. Salmo 89:15-16

Desde el principio el hombre fue creado con todas las cosas necesarias para su existencia y eternidad. Fue el hombre quién tomó su posición decisiva en la vida en cuanto a lo que deseaba. Aún así Dios continúo siendo justo bajo su amor y respetó su postura ante la vida. Por medio de la reconciliación del sacrificio de Jesús en la Cruz del Calvario (Romanos 5: 6-11), se puede apreciar que el amor de Dios continuó hacia el hombre más allá de lo que la razón humana pueda entender. ¿Por qué? Porque Dios es un ser admirable, supremo y de plenitud (Juan 15;13). Una de las sucesos que ocurre en el proceso de identificar nuestra situación actual de vida es el romper con los esquemas ya establecidos en nuestra mente. Hay que dar paso a nuevos pensamientos y refrescar de una manera correcta las ideas que nos permitirán alcanzar las metas que darán paso a establecer un futuro prospero.

Pero cuando se manifestó la bondad de Dios nuestro Salvador, y su amor para con los hombres, nos salvó, no por obras de justicia que nosotros hubiéramos hecho, sino por su misericordia, por el lavamiento de la regeneración y por la renovación en el Espíritu Santo, el cual derramó en nosotros abundantemente por Jesucristo nuestro Salvador. Tito 3: 4 al 6

Rompiendo tus marcos de referencia

Un marco de referencia es algo que rodea o establece un límite en la vida del ser humano. Este sirve de punto de posición, relación y de información para poder actuar o tomar decisiones personales. Por consiguiente tiene que ver con los pensamientos. El marco de referencia de cada individuo está formado por su pasado y presente. Envuelve todo el desarrollo físico, emocional, social, y sicológico del ser humano. Cada acción que se toma en la vida está regido por este marco de referencia. Este establece un esquema mental, social, religioso y cultural que es muy difícil cambiar. A tal punto que dirige los sueños y las metas (si se tiene alguno) del individuo. Es necesario realizar un análisis interno de nuestro sistema de valores y creencias para poder avanzar hacía el llamamiento de Dios en la vida. Cuando permitimos que el conocimiento de Dios nos ilumine, comenzaremos a trabajar con la nueva estructura de pensamientos y acciones necesarias para mantenerse, y subsistir en el mundo. Entonces la vida viene a ser una llena de cambios constantes y de hermosas bendiciones que traerán satisfacción personal. Hay que romper todo marco de referencia que interfiere con el propósito de Dios. Recuerda que Dios es uno que no tiene límites y que se complace en darte bendición por medio de la liberación, restauración, y sanidad a todo nivel en tu vida. Es necesario que entres a una nueva dimensión a nivel físico y espiritual para que tu mente sea abierta a una visión más allá de lo que tu crees o esperas. Hay unas porciones bíblicas que expresan esto y son las siguientes… ¡disfrútalas!

Palabras de Dios dadas al Profeta Jeremías:

Vino pues, palabra de Jehová a mí, diciendo: Antes que te formase en el vientre te conocí, y antes que nacieses te santifiqué, te di por profeta a las naciones. Y yo dije: ¡Ah! ¡ah, Señor Jehová! He aquí, no sé hablar, porque soy niño. Y me dijo Jehová: No digas: Soy un niño; porque a todo lo que te envíe irás tu, y dirás todo lo que te mande. No temas delante de ellos, porque contigo estoy para librarte, dice Jehová. Y extendió Jehová su mano y tocó mi boca, y me dijo Jehová: He aquí he puesto mis palabras en tu boca. Mira que te he puesto en este día sobre naciones y sobre reinos, para arrancar y para destruir, para arruinar y para derribar, para edificar y para plantar. Jeremías 1: 4 al 10

Palabras de Dios dadas a Josué, el Gran Conquistador:

*Nadie te podrá hacer frente en todos los días de tu vida;
como estuve con Moisés, estaré contigo; no te dejaré,
ni te desampararé. Esfuérzate y sé valiente; porque tú
repartirás a este pueblo por heredad la tierra de la cual
juré a sus padres que la daría a ellos. Solamente esfuérzate
y sé muy valiente, para cuidar de hacer conforme a toda la
ley que mi siervo Moisés te mandó; no te apartes de ella ni a
diestra ni a siniestra, para que seas prosperado en todas las
cosas que emprendas. Nunca se apartará de tu boca este libro
de la ley, sino que de día y de noche meditarás en él, para que
guardes y hagas conforma a todo lo que en él está escrito;
porque entonces harás prosperar tu camino, y todo te saldrá
bien. Mira que te mando que te esfuerces y seas valiente; no
temas ni desmayes, porque Jehová tu Dios estará contigo en
dondequiera que vayas. Josué 1: 5 al 9*

Palabras de Dios dadas al Profeta Isaías:

*Entonces nacerá tu luz como el alba, y tu salvación se
dejará ver pronto; e irá tu justicia delante de ti, y la
gloria de Jehová será tu retaguardia. Entonces invocarás,
y te oirá Jehová; clamarás, y dirá él: Heme aquí. Si quitares
de en medio de ti el yugo, el dedo amenazador, y el hablar
vanidad; y si dieres tu pan al hambriento, y saciares al alma
afligida, en las tinieblas nacerá tu luz, y tu oscuridad será
como el mediodía. Jehová te pastoreará siempre, y en las
sequías saciará tu alma, y dará vigor a tus huesos; y será
como huerto de riego, y como manantial de aguas, cuyas
aguas nunca faltan. Y los tuyos edificarán las ruinas antiguas;
los cimientos de generación levantarás,
y serás llamado reparador
de portillos, restaurador de calzadas para habitar.
Isaías 58: 8 al 12*

Gedeón creyó la palabra del ángel de Jehová y se decidió a actuar. Tuvo que pasar por un proceso de capacitación de parte de Dios y no estuvo solo. Cada día se añadían a él los llamados para cumplir la misión y la sabiduría le era dada para obrar. En tus manos esta la decisión de comenzar un nuevo mover a nivel espiritual que impactará todas las dimensiones de tu vida. Solo cree y actúa, tienes un llamamiento de parte de Dios. El será tu amado Pastor, tu guía y quien te dará la fortaleza para avanzar hacia tu llamamiento prometido. Son muchas las promesa para ti, ejercítate en la palabra de Dios que es poder para cambiar al mundo y salvar las almas de la perdición. Haz la voluntad de tu Creador y tendrás recompensa mas allá de todo lo que tu puedas esperar o pensar.

Tu llamamiento

Te pregunto: ¿A que has sido llamado por Dios? ¿Lo sabes? Si tienes el desconocimiento del propósito de Dios en tu vida solo tienes que pedirle dirección a él. El se complacerá en mostrarte la visión, la misión y el camino que debes seguir. Como lo haces, por medio de la oración y del conocimiento de su Palabra. Quizás parezca muy religiosa pero esta es la única verdad para acercarse a Dios y poder marchar en la vida con entendimiento hacia lo correcto y lo necesario. Solo así habrá revelación de parte de Dios para ti. Por el contrario, si conoces cual es tu llamamiento en el Señor, continua laborando a su servicio en su ministerio, ejérciendolo por medio de un buen servicio y con mucho amor hasta que recibas la revelación de Dios. Entendiendo que Dios ha puesto parte de su herencia en tus manos y desea que seas un buen administrador. No te arrepentirás ya que la bendición de Dios estará siempre en tu existencia. No temas ya que su perfecto amor te llenará y te cubrirá. Será tu fortaleza. Estarás respaldado por el Dios Altísimo que todo lo puede y es victorioso.

Creer en la promesa

La palabra prometida por Dios en relación a tu vida ministerial y a tu llamamiento ya fue dada. Queda de ti aceptarla. El proceso de aceptación envuelve internalizar todo el conocimiento adquirido y posicionarlo en la prioridad o lugar correcto. Se debe establecer como base para tu futuro y se debe encaminar bajo una decisión firme y constante donde no halla paso a la incredulidad ante cualquier situación adversa o de cumplimiento en el tiempo. La palabra dada por Dios no debe perder el atributo de la verdad. Aunque se presenten situaciones difíciles donde se puede pensar que la Palabra de Dios no se va a cumplir, se debe proseguir en fe y entendiendo que Dios es uno fiel en el cual se puede confiar y siempre cumple sus promesas. No hay porque dudar, no hay porque ser inconsistente. La palabra prometida de parte de Dios en el tiempo señalado por Dios se cumplirá. En la historia de Gedeón el momento llegó con la anunciación del ángel de Jehová. ¿De que forma será anunciado a ti el tiempo de Dios?, no lo sé, pero Dios si y él se encargará de revelártelo. Esa palabra llegará en el momento preciso que tenga que llegar. Todo obrará en un orden establecido por Dios que quizás para ti sea un desorden o algo contradictorio. Pero recuerda, en Dios no hay contradicciones completas ni aparentes. Cuando crees y llevas a cabo esa palabra estás creando una onda expansiva que impactará tu generación y a todo aquel que se te acerque. El éxito total está destinado para ti al creer. Al hacerlo comienzas a trabajar con tus problemas y cargas; con tus anhelos y tu misión de vida. El actuar para ir hacia la promesa puede traer preocupación y en ocasiones fatiga. Recuerda que en Jesús hay palabras de consuelo como esta:

Porque mi yugo es fácil y ligera mi carga. Mateo 11:30

No hay ninguna cosa en la cual Dios no pueda obrar. El Señor Jesús nos pide que llevemos su yugo y encontraremos descanso para nuestra alma. Un yugo es una carga pesada o alguna ligadura (algo que ata o une). En esta palabra este término se utiliza de forma metafórica en relación al sometimiento de la autoridad a Cristo y de seguir su camino. No hay porqué preocuparse, es Dios quien acrecienta en ti las fuerzas, como las del búfalo. Te llevará sobre sus manos para que no tropieces y te quedes en el suelo.

> *Cuando el hombre cayere, no quedará postrado,*
> *porque Jehová sostiene su mano. Salmos 37:24*

> *Aguarda a Jehová; esfuérzate, y aliéntese*
> *tu corazón; Si, espera a Jehová. Salmos 27: 14*

El gozo del Señor es tu fortaleza (Nehemías 8:10). Vive sin miedo ante la vida. Es necesario que la enfrentes con valentía a pesar de las oscuras situaciones que se puedan tener. Cuando sales del patrón común de tu vida pasas a alcanzar aquello que traerá felicidad a ti y a tu familia. Tendrás un propósito de vida en el cual Dios estará contigo en todo momento.

El propósito de Dios en la vida de Gedeón fue el de liberar a su nación de la opresión de otros pueblos. El aceptar la Palabra de Dios y ponerla en acción en su vida, lo llevó a salir de una vida cotidiana y común. Fue fortalecido en su fe dirigido por la sabiduría de Dios y aprendió a conocerse como un hombre de valor. De un hombre que no se visualizaba como alguien capacitado y servible, su mentalidad cambio a una de guerrero exitoso. Esto le permitió ser líder de un gran pueblo, el pueblo de Israel. Sal de lo común y enfatiza tu vida en lo que es necesario y actúa en ello. Sin olvidar de tener a Dios siempre presente en todo. ¡Gedeón pudo, tu también!

Confía en el Señor con todo tu corazón y no confíes
en tu propio entendimiento. Ponte de acuerdo con él
en todo lo que hagas y él hará que tu camino sea
recto. Proverbios 3: 5 al 6

Ponte de acuerdo con el Señor para encaminarte y permanecer en el camino correcto. Solo el Espíritu Santo de Dios te guiará sin equivocación y al final, cuando te encuentres en el punto final de tu carrera sonreirás de agradecimiento absoluto hacia El. Pregúntale a Dios: ¿Señor que tu quieres que yo haga? Posiblemente él te contestará: ¡Haz lo necesario! Porque ya he puesto en ti mi propósito de vida. Acciona mi Palabra.

Capítulo IV

SUEÑA

(Tocar)

Y soñó José un sueño, y lo contó a sus hermanos; y ellos llegaron a aborrecerle más todavía. **Génesis 37: 5**

La vida de los hombres y mujeres que han marcado la historia siempre han estado definidas por un sueño. Comentaba con mi hijo Dariel y con mi esposo Esteban que en el mundo hay mucha gente con grandes sueños, buenas ideas y con la visión de grandes proyectos. Pero, sucede que muchas de esas personas pasan por la vida comentando a otros sus ambiciones y esperanzas y nunca se encaminan a hacerlas realidad. Ni si quiera piensan en establecer un plan para ver como pueden llevarlas a cabo. El tiempo pasa y los sueños se van deteriorando. Cuando se evalúa la situación en relación a estos sueños y metas todo viene a ser lo siguiente: Buenas ideas o proyectos y grandes sueños no realizados. ¿Qué triste esta situación, no? Entonces en la vida de aquellos que fue impartido un sueño de vida se establece la melancolía, el desánimo, la desesperanza, el vacío y la impotencia. ¿Te encuentras tu en esta situación de vida? Una visión es implantada o nace desde lo más profundo del corazón, y la mente planifica su realización. ¿Alguna vez te has preguntado de donde ha surgido el deseo intenso que arde en tu corazón por establecer un proyecto o realizar un sueño?

Te presento a José. Este fue un joven marcado por un sueño donde veía como se levantaba en autoridad por encima de sus hermanos mayores. La historia presenta en el libro de Génesis a un joven soñador que revela a sus hermanos lo contemplado. José vio en el sueño, que él junto a sus hermanos ataban manojos (cantidad de hierba o leña que se puede coger con una mano para atarla) en medio del campo, y el manojo suyo se levantaba y estaba derecho, ante los de sus hermanos. Los manojos de sus hermanos estaban alrededor del suyo y se inclinaban ante él. Al escuchar sus hermanos el sueño de José, estos se molestaron ya que pensaron que él tenia en su corazón un espíritu de grandeza ante ellos. Y la interpretación que dieron sus hermanos del sueño no fue equivocada, ya que estos pensaron que posiblemente José reinaría sobre ellos en algún momento, como figura de autoridad.

El padre de José se llamó Jacob. Este recibió de parte de Dios una poderosa palabra de bendición cuando se encontraba en una tierra conocida como Padan - aram en Canaán. La palabra de Dios fue la siguiente:

> *"Tu nombre es Jacob; no se llamará tu nombre Jacob,*
> *sino Israel será tu nombre; y llamó su nombre Israel.*
> *También le dijo Dios: Yo soy el Dios omnipotente:*
> *crece y multiplícate; una nación y conjunto de naciones*
> *procederán de ti, y reyes saldrán de tus lomos. La*
> *tierra que he dado a Abraham y a Isaac, la daré a ti,*
> *y a tu descendencia después de ti daré la tierra."*
> *Génesis 35:10 al 12.*

Esta promesa de parte de Dios a Jacob fue una de dimensiones desconocidas para él y su descendencia, es decir, para José y sus hermanos. Deseo que internalizes dos puntos muy importantes:

1) Dios es quién pone en ti un sueño bajo su promesa para la realización de este en tu vida.
2) El sueño que pone Dios alterará todo lo por venir de tu vida y la de tu descendencia, en bendición, así que hay que permanecer en la visión dada por Dios bajo su palabra.

¿Hay algún sueño en tu vida que entiendes que proviene de Dios? ¿Cuando piensas o hablas de el, sientes un fuego que te consume o unas fuerzas emotivas que no puedes controlar y van más allá de tus fuerzas? Es emocionante tener sueños, metas, proyectos; llámalos como tu quieras, lo importante es que están ahí en tu mente y corazón, y hay que proceder a hacer algo para que se cumplan. Tienes que aprender a tocar tu sueño. Esto es vivirlo en tu mente como si ya estuviera realizado. Aprende a visualizar cada detalle de el mismo y todo lo que venga a tu mente realizar que no puedas trabajarlo en el momento, ponlo por escrito para que luego lo retomes y establezcas los detalles. Estos detalles te darán la estructura completa de la formación de tu sueño el cuál en algún momento tendrás que impartir a otros. Recuerda que es un sueño puesto por Dios con dimensiones que afectarán a toda tu descendencia y yo me atrevo a decir que también afectará a todo persona que no esté dentro de tu familia terrenal (extranjeros) pero que aceptarán el sueño como suyo.

En el caso de José este al ver el sueño buscó una interpretación al mismo con sus hermanos y por supuesto, sus hermanos no pudieron entender la magnitud de este sueño de una manera favorable por los sentimientos que guardaban en su corazón hacia su hermano. Jacob, el padre de José, manifestaba un favoritismo hacia éste ya que lo había tenido en su vejez. José siempre le informaba a su padre de las actuaciones negativas de sus hermanos por lo cuál estos le aborrecían. Lo que denota que siendo José un joven con 17 años sabia actuar con rectitud y en justicia ante los ojos de sus hermanos. He escuchado en varias ocasiones que José era un delator (en mi país se le llama chota) por las cosas que le revelaba a su padre. Para mi el acto de que José dijera a su padre de los actos de sus hermanos no era uno de desaprobación ya que sus hermanos mayores estaban llamados a actuar con rectitud y responsabilidad ante el cuidado de los bienes materiales de la familia. Entiendo que José conocía que por medio del cuidado que sus hermanos tuvieran con todos los bienes terrenales de la herencia de su padre, más adelante esto sería lo que a él le permitiría disfrutar de un favorable bienestar económico. Aunque, José no sabía que Dios tenia un nuevo sueño económico para él. Hay que ser buenos administradores de las posesiones terrenales y espirituales. Los hermanos de José, tenían en su corazón sentimientos de envidia hacia él a tal punto que planifican matarlo. ¿Qué situación difícil la de esta familia, verdad? Tres plagas malignas: el favoritismo, la envidia y las raíces de amargura por medio del aborrecimiento. Te menciono otras: falta de perdón, falta de amor, autoestima baja, resentimiento, rebelión, falta de hermandad, orgullo, etc. ¿Piensas tu en alguna otra? ¿Reconoces tu alguna en tu vida? ¿Ante el sueño de Dios puesto en alguna persona que tu conoces, has manifestado alguna de estas plagas? ¿Ante el sueño de Dios puesto en ti, alguien te ha dejado ver alguna de estas acciones?

Es doloroso que en ocasiones tengamos que enfrentar en nuestra vida situaciones tan adversas con otras personas ante el llamamiento de Dios para realizar un sueño. En ocasiones estas acciones vienen de personas a las cuales amamos mucho o tenemos en alta estima. Pero no hay porque temer, si Dios puso en tu corazón un sueño de vida, él te ayudará en la realización del mismo. Te guiará, te mostrará el camino y todo lo que necesitas hacer para realizarlo. El se encargará de capacitarte, cuidarte, proveerte y mantenerte en el sueño no importando tu adversario. El sueño de Dios es real en tu vida, lo puedes ver, tocar, sentir, puedes recorrerlo y llegar a establecerlo. Sé un soñador con visión de Dios. Solo tendrás ganancias y nuevos deseos de vivir al soñar, así que dale prioridad a todo el sentir que Dios ha puesto en ti. ¡Sueña, sueña!

El sueño de Dios puesto en ti

Mi interés principal en este tema es que tu puedas entender que Dios ha puesto un sueño dentro de tu mente y en tu corazón y puedes sentir la grandeza del mismo. Hay algunas personas que no entienden a aquellos que pueden estar claros y seguros de que Dios los llamó a realizar algún sueño. Podrían inclusive señalar que son personas que viven fuera de la realidad en sus fantasías. Pero tu y yo sabemos y tenemos bien en claro que lo que Dios a puesto para realizar como visión es algo que muchos no entenderán ya que no han sido llamados a soñar (o no quieren o no les importa soñar). La persona que sueña tiene que tener unas características específicas para que le sea entregada una visión. En la vida cristiana he aprendido que es Dios quién encomienda sus sueños a aquél que pueda llevarlos a la realización. Esta persona debe saber sujetarse, obedecer y estar dispuesto a alcanzar un nivel de madurez en el cual pueda avanzar y permanecer sin miedo a equivocarse, a no temer a cualquier situación en el transcurso que pasa el tiempo. Es una persona que aprende a oír la voz de Dios, a aceptar por fe la visión, a caminar tomado de la mano de Dios y perseverar hasta alcanzar lo soñado. El soñador posee un espíritu de grandeza no para enaltecerse sino para entender el propósito y la bendición que hay en la realización del mismo. Sabiendo que ha sido privilegiado al tener un sueño que ha sido impartido por Dios. Fue él quién lo formó, le dio vida y puso rasgos distintivos innatos y únicos para que le servirán en el proceso de la realización del mismo. El espíritu de grandeza es aquél que le hace ver que es solo por Dios que se existe y reconoce que sin él nada puede hacer. En todo momento la persona de visión da la gloria y la honra a aquél que lo llamó, quién es Dios. Hay que mantener un corazón dispuesto y en humillación hacia el Soberano Dios ya que ese sueño fue puesto en ti para darle toda alabanza a él. Cuando se sueña se vive, hay esperanza y siempre hay una nueva experiencia y una nueva bendición. El corazón de un soñador es uno activo y de grandes ambiciones bien posicionadas en el camino de Dios.

Define el sueño

Desde muy pequeña soñaba que estaba parada juntamente con mis hermanos, primos y algunos amigos frente al balcón de la casa de mi madre. En el sueño me veía que con solo pensarlo comenzaba a ascender al cielo y podía volar entre las nubes. La sensación de tranquilidad, paz, libertad y de satisfacción hasta el día de hoy las puedo sentir al pensar en ese sueño. Yo Bajaba del cielo y llegaba hasta mis hermanos y les decía que subieran conmigo para volar entre las nubes. Estos trataban de alzar su cuerpo para volar pero no podían. Lo único que les decía era que lo intentaran que ellos al igual que yo podían subir. Yo deseaba con todas mis fuerzas que volaran y aún más, que subieran conmigo para que pudieran experimentar la sensación tan agradable de libertad y paz. Pero ninguno lograba subir, luego de ver sus intentos, me despertaba. En muchas ocasiones me preguntaba porqué en el sueño mis hermanos no podían volar y yo si. Ya en una edad adulta un día recordando este sueño y mientras lo comentaba a alguien, puede entender lo siguiente:

1. En mi vida fue implantado un sueño con un espíritu de grandeza hacia las cosas celestiales o espirituales.
2. Dios siempre estuvo presente en mi vida desde mi niñez.

3. Aunque mis hermanos recibieron la misma educación escolar, formación de valores y crecimos en el mismo medio ambiente, para mi fue provisto un sueño de vida al igual que para cada uno de ellos.

Al evaluar todas las etapas por las cuales he pasado en la vida me doy cuenta que estas han establecido en mi una formación que hoy en día es la que me ha servido para realizar mis sueños y de una manera u otra han afectado a mi familia. Cuando Dios pone un sueño en ti, tienes que aprender a definir sus detalles, memorizar cada ambiente, palabras y acciones. No te preocupes si cuando te es revelado el sueño se te olvida algo. Dios se encargará de traer a tu memoria cada detalle. El se encargará de confirmar nuevamente su sueño en ti.

Dimensiones del sueño

El sueño que Dios ha puesto en ti tiene unas dimensiones ilimitadas. Una dimensión es la extensión o el alcance que puede tener algo hacia una dirección. Cuando te menciono las dimensiones de tu sueño me estoy refiriendo al alcance que este pueda tener en toda tu vida. Y aunque no lo creas tu razocinio y el mío se quedan corto ante la dimensión que pueda tener la visión de Dios. Por medio de este trayecto toda tu generación forma parte del sueño de Dios y por consiguiente todas tus generaciones vienen a disfrutar de grandes bendiciones que solamente Dios sabe dar. Cuando el sueño de Dios está en ti, comienza un proceso de desarrollo y crecimiento a nivel personal que solo tu sabes que se está dando. ¿Por qué esto es así? Primeramente es así porque Dios desea que tu aprendas a experimentar el reinado o la posesión de tu sueño. Debes hacerlo tuyo al punto que puedas definirlo tan claramente a otros que estos puedan sentir y ver que tu has vivido en tu mente cada detalle del mismo. Para mi esto es tocar tu sueño. Sabes establecer paso por paso lo que deseas para tu vida y es ahí cuando comienzas a compartirlo y hacerles saber a aquellos que ese sueño es demasiado importante para ti que debes en algún momento de tu vida realizarlo. Ahora bien, al comenzar el proceso de visualización para la realización puede ser que establezcas unos parámetros. En hacer esto no hay nada malo bajo nuestra razón, pero comienzas a limitar el pensamiento de Dios en tu vida. Debes llevar tu sueño bajo la estricta guianza del Espíritu Santo de Dios y créeme que él se encargará de hacerte ver todo lo posible que tu puedes ver y todo lo imposible que no ves, pero que se realizará, solo por ser obediente a su voluntad. Lo que tu realices del sueño te será de bendición, en bendición y esta bendición será para otros más allá de tu muerte. Tus hijos, familiares, amigos y desconocidos para ti tendrán parte de las bendiciones del sueño tuyo impartido por Dios por la eternidad. Dios es uno eterno. Siempre en él habrá bendiciones de expansión, multiplicación y dimensiones inexplicables, lo único que tienes que hacer para recibirlas es dedicarte a hacer solamente lo necesario que él te pide. No temas compartir tu sueño a otros, tendrás el discernimiento de parte de Dios para saber quién viene con planes malignos ocultos y tienes la autoridad necesaria para detenerlos y continuar con lo que debes realizar.

Comparte el sueño

Me encanta la frase: "Y soñó José, un sueño y lo contó..." ¿Alguna vez te has preguntado, por qué tuviste ese sueño? ¿Cuál es su propósito en tu vida? El sueño de Dios puesto en ti es para que lo compartas con otros, ya que para su realización es necesario que otros intervengan como recursos favorables de ayuda. Parte de la tarea de encaminar tu sueño hacia la realización dependerá de otras personas. Tienes que contar el sueño, primeramente para que sea conocida la visión y segundo, para que tengas recursos humanos disponibles que te ayuden en el establecimiento del mismo. Debes entender que esto es necesario, no es una opción que otros formen parte en el proceso. Tengo un dicho: "Los llaneros solitarios en los sueños de Dios no existen." Para realizar el llamamiento que es dado por medio de un sueño hay que trabajar. En cualquier trabajo que realices, en algún momento, necesitarás de alguien.

> *Mejores son dos que uno; porque tienen mejor paga*
> *de su trabajo. Porque si cayeren, el uno levantará*
> *a su compañero; pero ¡ay del solo¡ que cuando cayere,*
> *no habrá segundo que lo levante. Eclesiastés 4:10*

Cuando cuentas tu sueño a otros tienes la oportunidad de elegir a quienes se lo cuentas. Puede darse la situación de que halla gente que te ayude, como que te desayude, sirviéndote de piedra de tropiezo. Pero no temas, los buenos y los malos siempre están en el panorama y de ambos uno aprende algo. Por supuesto nos enfocaremos en trabajar con aquellas personas que deseen el bienestar para realizar el sueño.

Cuando José cuenta el sueño a sus hermanos estos sintieron tanta envidia que llegaron al punto que más adelante tratan de matarlo, pero por no llenarse las manos de sangre con él, lo vendieron por 20 piezas de plata, dándolo por muerto ante su padre Jacob. Ellos aborrecían a José. Me pregunto, ¿Qué tipo de personalidad o atributos tenia José para que sus hermanos sintieran tanto odio hacia él? Anteriormente mencione que él era el hijo favorito de su padre Jacob, ya que este lo había tenido en su vejez y que delataba a sus hermanos ante su padre por el mal camino de estos. No hice mención de que José por ser hijo menor tenía como tarea el ser pastor de ovejas. Este trabajo no era uno muy digno para muchos. Pero para ser cuidador de ovejas, el pastor tiene que aprender a defender a las ovejas de los depredadores y alimañas que llegaran al rebaño.

Cuando compartes tu sueño con alguna persona tienes que estar bien pendiente de las intenciones con que se te acercan y debes proteger tu visión, ya que algunos sentirán envidia por tu pasión y harán lo imposible para que el sueño de Dios puesto en ti muera contigo. Otros no reconocerán tu visión, la tomarán en poco. Dios ha puesto un sueño en otras personas como lo ha hecho contigo y en su momento necesitarán de ti para su realización. Pero habrá otro tiempo en el cuál ellos deberán servirte a ti en la realización de tu sueño por dos razones: ya tu fuiste servidor en su sueño y es necesario que te bendigan y tu tienes que continuar hacia el mandato de Dios puesto en tu vida por medio de ese sueño. Es momento igual de que al que tu le serviste te sirva de ayuda. En esto se demuestra el compañerismo y el amor de Dios al prójimo.

Hay personas que aceptan tu sueño pero comienzan a ponerte como obstáculo cualquier cosa, como por ejemplo te dirán: "No estás preparado", o "No es el tiempo". Cuídate de aquellos que dicen querer lo mejor para ti y sirven de piedra de tropiezo para la realización de tu visión. Evítalos a toda costa, son lobos vestidos de ovejas, ya que carcomen tu pasión, y ayudan a que no te encamines a lograr tu sueño. Las personas que realmente deseen ayudar te orientarán en cuanto a la mejor toma de decisiones. Estarán de forma incondicional para ayudarte en tu visión y harán lo imposible para que tu puedas realizar tu sueño. Te serán de bendición y no de maldición.

Algunas de las características de entrenamiento que poseía José para realizar su sueño eran las siguientes: buen cuidador y administrador del sostén económico de su familia, guerrero (sabia defenderse y defender al rebaño), inteligencia y astucia. Una vez José es vendido a una caravana de mercaderes madianitas fue llevado a Egipto. Allí estuvo al servicio de un oficial de Faraón y luego fue preso por abstenerse de hacer algo ilícito, aún así el sueño de Dios estuvo latente siempre hasta que se cumplió. José fue un hombre con dones de Dios y tenia el favor de este. Dios conocía su corazón y lo puso en gracia ante Faraón por medio de la interpretación de un sueño. Te digo un secreto; "A los soñadores solo se les permite la revelación de los sueños." En tiempo de hambre (tiempo adverso), José como segundo en mando ante el Faraón de Egipto, tuvo delante de sí a sus hermanos postrados y solicitando ayuda sin que ellos conocieran su identidad. José paso por muchos contratiempos, pero el sueño de supremacía en autoridad sobre su familia fue cumplido por Dios. Y te digo; "¿Si Dios es contigo en tu sueño, quién es contra ti?"

Planificación y la realización de tu sueño

En un tiempo de mi vida trabaje en un empleo en el área de servicio. Ayudaba a las personas a establecer metas y a que estas se realizarán. Las metas que se planificaban para cada caso en particular tenían que ser estructuradas, bien organizadas, viables, reglamentadas y debían estar sujetas a un tiempo de realización. Para lograr establecer las metas había que pasar por un proceso de análisis sobre la vida de la persona, para así poder establecer un plan de ayuda que se ajustara a la realidad de la persona, en cuanto a su educación, capacidades, aptitudes, recursos, actitudes, experiencias y su forma de pensar. Se evaluaban las fortalezas positivas y barreras que esta persona poseía para lograr la meta. Siempre me resultó sorprendente que la mayor barrera que tenían estas personas para lograr sus metas lo era su forma de pensar. Las barreras emocionales y sicológicas eran tan grandes y de tanto peso en la vida de estas personas que les establecía una parálisis mental hacia la realización de todas sus metas, propósitos, sueños, etc. Cuando realizaba alguna entrevista yo podía evaluar las capacidades que las personas tenían para llevar a cabo lo que expresaban con sus palabras. Pero resultaba curioso que al tratar de hacerles ver su potencial para realizar algo, casi ninguna de las personas entrevistadas podían ver sus grandes cualidades y aptitudes para lograr su sueño. Y era una lastima ver toda esta situación, pero por otro lado me llenaba de satisfacción el saber que podía ayudar a que se estableciera un cambio en la calidad de vida de estas. Por medio de palabras y actos podía llevarlas a un nueva estructura de pensamiento.

Con lo primero que tenia que comenzar para poder encaminar a la persona a lograr lo esperado, era establecer un cambio de mentalidad funcional. La estructura mental tenia que ser cambiada completamente hacia una positiva que logrará establecer seguridad, confianza y valor de si misma (y de todo aquello que fuera necesario). Nada fácil, ¿verdad? Pero lo cierto es que se lograban grandes cambios (a veces inesperados en corto tiempo) en la mayoría de los casos. Y como mencioné anteriormente, el ser humano necesita guianza de pensamiento y estructura en esta vida.

Con lo segundo que tenia que trabajar era con la disposición (voluntad) para realizar lo que se llevaría a cabo (tenia que ser constante, perseverante). Muchas personas no tenían fuerzas para continuar hacia alguna meta por las muchas situaciones adversas que pasaron. Era necesario reafirmar sus fuerzas físicas y espirituales para que continuaran hacía adelante. Había que establecerles un propósito de vida.

Y por último se les tenía que brindar las herramientas necesarias para poder realizar la meta esperada. Para sorpresa de muchas de esas personas y mía, estas lograban lo planificado antes de lo esperado. Este resultado se daba por tener bien claro el propósito de la meta, su estructura, tener la guianza y los recursos necesarios y sobre todo, tener un cambio de mentalidad. Para algunas personas que no han tenido un encuentro en sus vidas con Jesucristo, o tengan otra visión de vida, quizás señalen que el cambio de mentalidad que te lleva a realizar algo que no podías hacer es uno positivo. El cambio de pensamiento para el establecimiento y la ejecución, dentro del sueño de Dios para un cristiano es tener la mente de Cristo. Y tener la mente de Cristo es vivir conforme a todo lo que está escrito en la Palabra de Dios. Hay que buscar disfrutar de un pensamiento claro, correcto y esto se logra por medio de la disposición hacia todo lo que es bueno. Quiero compartir contigo estos pasajes bíblicos:

> *Antes bien, como está escrito:*
> *Cosas que ojo no vio, ni oído oyó,*
> *ni han subido en corazón de hombre,*
> *Son las que Dios ha preparado*
> *para los que le aman. 1 Corintios 2:9*

> *Porque ¿quién conoció la mente del Señor?*
> *¿Quién le instruirá? Mas nosotros tenemos*
> *la mente de Cristo. 1 Corintios 2:16*

Para lograr la planificación del sueño de Dios implantando en cada uno de nosotros se necesita su dirección y una estructura de mentalidad organizada. Quién mejor que Dios para enseñarnos y dirigirnos, con él como Maestro no tenemos desventajas. Es mi deseo que tu fe no desista y persista en obtener la promesa de la realización de ese sueño. Por unos instantes imagínate ejerciendo en funciones lo que tanto has anhelado. Por ejemplo, si tu sueño es la formación de algún ministerio para la evangelización de la palabra de Dios, el establecimiento de alguna organización sin fines de lucro para el servicio comunitario a adictos, mujeres victimas de violencia, hogares para niños, grabar un CD de música, tener un negocio, un empleo específico, escribir un libro, realizar una película, ser misionero, pastor, maestro, establecer un ministerio en las artes de la música, tener un ministerio a nivel internacional, etc, lo que sea, que traiga gloria a Dios, vívelo en tu mente, estructúralo, pide a Dios su dirección y créeme que él, solo él abrirá toda puerta necesaria para que este sueño se realice.

Es obligatorio que se rompan en tu mente todas las estructuras y hábitos cotidianos que tienes y haces que no aportan nada a la realización de tu sueño. Tu mente va a ser renovada y dirigida a emociones y sensaciones que en ocasiones serán inexplicables y se verán como momentos de locura delante de muchos. Solo tú y los que puedan ser visionarios podrán tener la certeza de que te encaminas a realizar la voluntad de Dios. Puedes que tus horarios se alteren, tu forma de hablar y actuar cambien. La forma en que estabas acostumbrado a tomar decisiones viene a ser otra. Tus momentos de oración pueden comenzar a intensificarse y quizás cambie el estilo o la manera y espacio donde lo realizabas. Tu pensamiento va a comenzar a cambiar hacia una nueva manera de ver las cosas. Tu fe comenzará a ser probada en todo momento y te sentirás tan lleno de vida que literalmente sentirás que de ti saldrán tantas ideas que te compararás con un volcán en erupción y como yo lo visualizo, como un cohete que está a punto de despegar con mucha propulsión de energía hacia el espacio. Esta es la reacción que ocasiona la pasión puesta por Dios en ti hacia ese sueño. Nuestro marco de referencia en todo momento de lo que es correcto es la Palabra de Dios. Vivir la vida sin un sueño, sin una meta o visión es solo vivir. Pero vivir con un sueño definido, deleitándose en el proceso de su desarrollo para la ejecución y establecerlo es tener un legado de vida, una vida plena.

Yo no tengo un solo sueño, tengo muchos y esto me motiva a vivir cada día en la búsqueda de nuevos retos. No para demostrarme que los puedo realizar, sino porque aprendo a vivir con felicidad y me siento dichosa al poder cumplir con el propósito de Dios en este mundo. Disfruto el llevar la Palabra de Dios a otros. Me siento una persona plena y realizada al testificarle a otros de mis logros alcanzados y sobre todo porque un día decidí salir de toda mi zona de comodidad (aparente) para poder realizar aquello que establecería un cambio radical en mi vida. Aprendí a salir de todo lo que es común y cotidiano para ir a lo necesario, entendiendo que esto traería no solo esperanza a mi vida, sino también dicha y paz. Algo que tengo bien claro es que todo esto trascenderá mi tiempo y mis generaciones. Te reto a que decidas hoy en tu vida el permitirte soñar y luego ir tras ese sueño. Cuando camines hacia él, te darás cuenta que es más real de lo que te imaginabas. Con tu vida harás la diferencia para tus generaciones, las naciones y el mundo entero. Anímate a hacer la diferencia en tu generación. Serás de bendición a otros.

Jehová te bendiga, y te guarde; Jehová haga resplandecer su rostro sobre ti, y tenga de ti misericordia; Jehová alce sobre ti su rostro, y ponga en ti paz. Números 6: 24 al 26

La bendición de Jehová es la que enriquece, y no añade tristeza con ella.
Proverbios 10: 22

Capítulo V

¡HÁGASE CONMIGO CONFORME A TU PALABRA!

(Rendición)

Entonces María dijo: He aquí la sierva
del Señor; hágase conmigo
conforme a tu palabra. Y el ángel se fue de su presencia.
Lucas 1:38

En una ocasión participe de un congreso cristiano para mujeres en el pueblo de Bayamón en Puerto Rico, mi país natal. La experiencia que obtuve en este congreso fue una que impacto mi vida en gran manera, ya que nunca había experimentado las cosas que sentí y vi en esos momentos. La visión de este congreso de mujeres fue una de restauración y sanación espiritual. Contó con la asistencia de mujeres del extranjero de los países de Guatemala, México, Honduras y otros. Fue asombroso y hermoso conocer sobre las formas de adoración que son utilizadas en el culto que se rinde a Jesús desde la perspectiva de otras culturas. Sucedieron grandes eventos personales que marcaron el desarrollo del congreso: desde manifestaciones de liberaciones de espíritus malignos, sanidades interiores del corazón en cuanto al perdón y la culpabilidad, restauración de valores y ayuda para el mejoramiento de la autoestima.

En este lugar se encontraba un ministerio de mujeres del país de Guatemala que marcó la diferencia ya que la manera en que ministraban era algo desconocido y nuevo para muchas mujeres allí, entre esas mujeres me encontraba yo. Le asigné un nombre a ese ministerio de damas. Las llamé Las Parteras (son aquellas mujeres que asisten en los partos de los bebes a la hora del nacimiento). Este ministerio presentaba la visión de que Dios pone el fruto de un servicio o de un propósito definido en la vida de cada mujer. Este fruto en el momento necesario será concebido, se realizará y se desarrollará para la gloria y honra de Dios. Esto no se puede concebir literalmente o entender desde un punto completamente racional, sino desde una visión espiritual. Me explico, hay cosas que a nivel del entendimiento humano no se pueden evaluar o tienen un factor que no se puede asociar a nada naturalmente lógico. Ahora bien, la forma en que se desarrollaba la ministración en las mujeres era muy peculiar. Se podía ver notablemente que cuando una líder ministraba a una dama esta comenzaba a evidenciar en su cuerpo los síntomas o rasgos de una mujer en proceso de parto. No puedo explicar claramente la situación ya que fue algo asombroso e impactante lo que presencie, pero puedo decir que las mujeres ministradas literalmente pasaban por este proceso. Por supuesto no se veía el fruto físicamente. Mientras pasaban por este proceso sobre ellas era declarada una palabra profética y había palabra de revelación por las mujeres que ministraban. Muchas de las mujeres que fueron ministradas a las cuales se les oró, yo las conocía y pude recibir sus testimonios de lo que experimentaron y sintieron. El punto principal de esta situación que deseo presentar es que el proceso de fecundación el cual ocurre en una mujer para procreación de un hijo natural físico, es igual al proceso de formación a nivel espiritual de un ministerio puesto como fruto en la vida de un cristiano o creyente de Dios.

Lo que expuse anteriormente se podría ver como una situación no cuerda o irreal, pero lo que puedo decir por experiencia propia es que la situación es real. En el lugar se encontraban alrededor de cuatro hombres a los cuales se les ministró y no me pregunten como sucedió pero por testimonio de estos, ellos indicaban que comenzaron a sentir nauseas, dolor profundo en el abdomen y que se quedaron sin fuerzas ante la manifestación del poder de Dios. Hubo uno de ellos que indicó que comenzó a sentir nauseas y pudo percibir un fuerte olor a sangre en el aire cuando le comenzaron los dolores en su cuerpo. El olor a sangre no solamente fue percibido por él, hubo muchas personas allí que también lo olfatearon. Si se evalúa esta situación desde la perspectiva de que el hombre no pasa por el proceso de un parto natural, pensaríamos que esto es ilógico e irracional. Pero si podemos asimilarlo desde el punto de vista en que el hombre es portador de un fruto que permite la procreación y formación de una vida conjuntamente con la aportación del fruto de la mujer podríamos entender la situación de los hombres presentes allí. Créanme no estoy loca y mucho menos vivo bajo un fanatismo, ni quiero imponer mis ideas, solo les narro lo que escuche, observé y pude sentir. Esta experiencia fue algo sobrenatural para mi y todavía pienso y medito en todas las grandezas que pueden ocurrir a nivel espiritual que nosotros ni siquiera pensamos que existen o se pueden manifestar a nivel terrenal.

El fruto del Espíritu Santo

Dios pone fruto bueno en aquellos creyentes que viven bajo la preciosa guianza de su Espíritu Santo. Aprendemos en la palabra de Dios en el libro a los Galatas, en el capitulo 5:22 que el fruto del Espíritu Santo de Dios en las personas es amor, gozo, paz, paciencia, benignidad, bondad, fe, mansedumbre y templanza. Estas obras son evidentes en aquellas personas que guardan y sirven a la Palabra de Dios.

Por esta razón Dios llama a dichas personas, sus hijos (fruto = concepción = hijos). Es un privilegio ser parte de la familia de Dios como sus hijos. Mas aún es admirable gozar de sus bendiciones y de su heredad que es eterna.

La palabra de Dios nos relata una parábola sobre el sembrador. Esta se encuentra en el libro de Marcos 4: 3 al 20, y se presentan aquí cuatro tipos de creyentes en los cuales es sembrada la Palabra. Primeramente nos identifica quien es el sembrador que es la persona que siembra la Palabra de Dios. Los cuatro tipos de creyentes son los siguientes:

1) Los sembrados junto al camino que son aquellos a los cuales les son quitadas las palabras sembradas bajo la participación del maligno.
(2) Los sembrados en los pedregales que son aquellos que reciben la Palabra con alegría pero no tienen raíz y ante las pruebas se mueren o sucumben.
(3) Los sembrados en espinos que son aquellos que oyen la Palabra pero el afán, las riquezas, etc, hacen que no puedan dar fruto.
(4) Los sembrados en buena tierra que dan fruto en abundancia porque viven la palabra de Dios.

El fruto en un creyente es algo que se ve. No está secreto para el mundo. La salvación de parte de Dios que leemos en la Palabra nos dice que no se obtiene por obras ya que es un regalo. Pero debemos entender que las obras son necesarias para mostrar el fruto bueno que hay en nosotros ya que mostramos el amor del Padre hacia el prójimo. Así que estamos llamados a dar fruto en la magnitud que sea, pero hay que darlo. Tratemos de dar un fruto de excelencia y de buena calidad.

Cuando cursaba el cuarto grado de escuela elemental tuve como tarea para nota, el hacer un sembradío de granos. Podía escoger entre el grano de maíz y el grano de habichuelas. Como me dijeron algunos vecinos que el grano de habichuela germinaba más rápido que el de maíz decidí hacer el experimento con dichos granos. Hice el sembradío en cuatro vasos plásticos y cada uno tenía un tipo de habichuela diferente (rojas, rosadas, blancas y pintas). Tenia que monitorear el sembrado por el periodo de cuatro semanas. Todos los días iba a ver y anotar en mis apuntes los cambios ocurridos en los vasos. Siempre iba con el deseo de que las habichuelas se convertirán en plantas. Para mi asombro no todas las semillas germinaron por vaso, no todas crecieron a la misma altura y no se veían igual en cuanto a apariencia física de fortaleza. Si aplicamos esto a la palabra de Dios podemos ver que siempre hay un fruto que se siembra por medio de esta. La Palabra misma es definida como una semilla.

Esta es, pues, la parábola: La semilla es la palabra de Dios.
Lucas 8:11

Hay diferentes circunstancias que permiten el desarrollo de esta palabra, como por ejemplo: el terreno, el clima, el abono, el agua, la luz solar, la dedicación y cuidado de la misma, entre otras cosas. Pero lo que se espera de la siembra de esta palabra es que de fruto bueno y en abundancia. Si uno fuera un sembrador o agricultor, y pusiéramos nuestros sueños y dinero en una cosecha, haríamos todo lo posible para que esta se produzca en abundancia y que sea buena ya que de eso depende la economía y el sustento de la familia. Pues en la vida cristiana es igual. Debemos poner todo nuestro empeño en que la palabra que Dios ha puesto sea de bendición para uno y para los que nos rodean dando buen fruto siempre y en abundancia. Todo esto bajo un desarrollo de crecimiento bien formado y normal en la vida. Y algo que siempre consuela mi alma es que el que siembra la buena semilla es Dios por medio de su hijo Jesús.

*Respondiendo él les dijo: El que siembra la buena
semilla es el Hijo del Hombre. Mateo 13: 37*

Es grato saber esto, es Dios mismo el que siembra en uno la buena semilla. Te tengo buenas noticias: ¡Hay buen fruto sembrado en ti, no dejes que el maligno te haga creer lo contrario!

El fruto de Dios puesto en ti

¿Por qué presento todos estos hechos en cuanto al fruto fecundado y la concepción? Porque deseo mostrarles que la realización de un hecho, misión o producto, en la mente de Dios va más allá de nuestro entendimiento ordinario y común, a una realidad que te conduce a solamente establecer lo necesario. Cuando leo los pasajes del mensaje dado por el ángel a María, la futura madre de Jesús, el hijo de Dios, entro en asombro. ¡Y que me asombre yo no quiere decir nada, ya que María, se asombró grandemente al punto que no podía creerlo! El ángel se le presenta y le dice: "Salve muy favorecida! El Señor (Dios) es contigo; bendita tu entre las mujeres. No temas porque has hallado gracia delante de Dios. Y ahora concebirás en tu vientre, y darás a luz un hijo y llamarás su nombre Jesús." En ocasiones no entendemos los planes de Dios en nuestra vida pero que hermoso es saber que somos elegidos por él para una gran misión. El ser elegido por Dios no depende de nuestras capacidades visibles, de nuestro entendimiento o fuerzas, depende de un propósito cimentado bajo una finalidad que marcará tu vida y la historia. La visión de Dios no es una lineal, es una de dimensiones jamás conocidas por el hombre. Siempre que me recuerdo le digo al Señor: "Dios enséñame a ver como tu ves, a oír como tu escuchas y a hablar conforme a tus palabras porque se que hay algo infinito y sobrenatural, lo cual yo no visualizo." Dios no hace una elección por simple capricho, él hace esta elección porque te conoce (hasta lo más profundo de ti). Ese fruto es fecundado en el precioso amor de

Dios, bajo su esencia. No hay porque temer sobre la realidad que se ha de dar o sobre el proceso que se ha de seguir en el caminar de nuestra vida. Debemos permitir que Dios anuncie a nuestra vida su propósito de amor para esta humanidad por medio del servicio a otros.

El anuncio del fruto de amor en tu vida y sus marcas

El anunciamiento del ángel sobre el nacimiento de Jesús revelaba a María el cumplimiento de una promesa hacía la nación de Israel. También muestra la realización de un milagro que por supuesto va más allá de nuestro entendimiento. Hace mucho tiempo asistí a un seminario para mujeres donde se presentó la porción bíblica de Lucas 1:28 al 38. Había leído muchas veces estas palabras de la escritura con entendimiento, pero sin la revelación espiritual que Dios deseaba mostrarme. En este día, al oír las palabras de Lucas 1:28 al 38 ocurrió algo muy asombroso en mí. Cuando escuché las palabras por parte del recurso femenino que las exponía pude entender lo siguiente: Cuando el ángel mencionó las palabras: "¡Salve, muy favorecida! Pude internalizar el gran amor de Dios hacia la mujer y hacia la humanidad y por consiguiente hacia mi. La creación de la mujer bajo el propósito de Dios es una de grandes bendiciones para esta humanidad. Una de las cosas que puede entender fue que nosotras fuimos marcadas por Dios para hacer la diferencia en la sociedad. Nuestro rol como mujeres es de base, fundamental para la vida. Fuimos marcadas para dejar huellas en la historia y hacer la diferencia en el presente y en el futuro. Hay dos marcas principales determinadas por Dios en nuestra vida y son las siguientes:

1. La primera es que nacimos mujer (genero femenino).
2. La segunda es que al recibir la salvación cuando aceptamos al Señor Jesucristo como nuestro redentor

fuimos marcadas por su sangre (por su sacrificio en la Cruz del Calvario).

Esto nos permite tener una relación directa con Dios permitiendo que seamos llamadas sus hijas. Así que en nuestra vida natural tenemos una madre y un padre terrenal, pero en la vida espiritual tenemos un Padre espiritual llamado Jehová. En otras ocasiones al leer las palabras decretadas en el libro de Génesis por Dios ante la situación de pecado de Adán y Eva, cuando le dice a Eva que con dolor pariría a sus hijos, siempre pensé que esto era una crueldad. Pensaba que Dios era un Dios cruel que se complacía en el sufrimiento de la mujer. Por supuesto esta idea cambio luego de que pude experimentar en mi vida su amor. Una mujer que ha pasado por el proceso de gestación de un embarazo conoce muy bien los síntomas y malestares que esto trae y si se le añade a esto el parir con los dolores de parto es horrible. Créanme que no es nada bueno y placentero. He evaluado la situación y se que Eva cometió un acto de desobediencia al dejarse influenciar por el maligno en cuanto a las instrucciones impartidas por Dios, pero el resultado de esta acción y de este juicio no fue nada bueno. Fue un juicio determinante y sin revés del cual se acuerdan todas las mujeres a la hora de parir. Las contracciones en el proceso de parto son desesperantes y causan mucho dolor. Pero un hijo nos recuerda la existencia de la vida, el fruto esperado luego de un periodo establecido y en el 99.9 % el sentimiento del amor hecho realidad. Por el mismo canal que Dios utilizó para que la tierra fuera poblada y se procreara el ser humano, Dios también trae la redención sobre el pecado del hombre. Esto es así por medio de la concepción del Hijo de Dios; llamado Jesús. Por eso la mujer es favorecida y bendecida por Dios.

La mujer fue creada bajo un propósito de excelencia y de gran magnitud. Fue dotada de amor, entendimiento y de vida. Hay un trato de amor de Dios hacia todas las mujeres del mundo. Es por esta razón que el enemigo de las almas (Satanás) ha puesto su propósito principal de destrucción hacía la mujer. Las generaciones históricas han sido marcadas por la marginación, la crueldad y el abuso hacía la mujer. Esto no debe ser así.

La mujer fue creada por Dios en amor, bajo un acto de necesidad del hombre de compañía, pero con identidad propia y definida para la existencia de la humanidad. Fue y será un canal de bendición mientras exista vida en este mundo. Dios nos formó con gran inteligencia, hermosos talentos, gran belleza y nos dotó de maravillosos dones. Tenemos mucho que aportar en el ministerio de Jesucristo a la tierra y en el servicio a Dios por mostrar su inmenso amor.

Marcadas por Dios para hacer la diferencia

Las marcas puestas por Dios en ti como mujer y como su hija por medio de su sangre a través de la muerte de Jesús en la Cruz, son señales distintivas que denotan unas cualidades específicas que te hacen diferente, especial y única. Como dijo el Ángel en el anunciamiento de Jesús: ¡Eres favorecida y bendecida! Cuando se lee en la palabra de Dios en el libro de Génesis 2:23 y 24 durante el proceso de la creación de la mujer, se ve que inicialmente esta es llamada varona porque fue hecha por causa del varón (Adán) y fue creada de una costilla que Dios le extrajo a éste. Su nombre fue cambiado a Eva que significa madre de todos los seres vivientes. Señalando así el inicio de una nación o raza. Yo nombro a Eva como madre de ministerios, paridora de seres humanos bajo el propósito exquisito del servicio a Dios. De igual manera declaro esa palabra de favorecida sobre ti y anuncio el llamamiento profético sobre cada mujer y sobre cada hombre, bajo las promesas del Dios Supremo y su poder. Les declaro personas llenas de fruto que en el tiempo de Dios darán a luz todo lo que el Señor ha puesto a bien hacer en sus vidas. Fruto de abundancia…

Marcas por género

Por medio de la marca de género, la mujer tiene unos rasgos distintivos que la hacen espectacular y única ante la mirada de toda la raza humana. Estos distintivos son los siguientes: Vinculo de unión, instrumento de procreación y nutridora de vida (amamantar).

El primer distintivo es que la mujer fue llamada desde su principio de creación a mantener un vinculo o canal de unión. Por medio de la unión física del hombre y la mujer, se establece también una unión moral y espiritual. Por esta razón el hombre la llama hueso de mis huesos y carne de mi carne, estableciendo así un vinculo de unidad. Eres llamada como mujer a preservar la unidad familiar y a servir como vinculo de unidad en todas tus relaciones interpersonales sin querer imponer tus criterios. Si no te sientes capacitada para esto déjame decirte que tienes a tu disposición el mejor y mas grande recurso que ha existido, se llama Dios, Señor de todo conocimiento (Proverbios 9:10). El Dios sabio y Consejero esta siempre a tu dispoción bajo su amor y misericordia. El puede capacitarte en aquello que tu entiendas no tener conocimiento, control o guía.

El segundo distintivo de la mujer es que sirve como agente procreador. Es decir puede engendrar vida. Esta puede dar vida a un nuevo ser. ¡Que maravilloso! Fue mandato de Dios que el hombre dejará a su padre y a su madre, se unirá a una mujer y serán una sola carne. Cuando hay una fecundación de un ser nuevo en el vientre de una mujer, se transmite la esencia de dos seres humanos en una sola carne formando una genética única. Los rasgos que definirán a ese ser no serán iguales a nada creado. ¡Que glorioso! Tu como mujer estas llamada a multiplicarte y a dar fruto. Estos frutos son tus hijos, nietos, biznietos, es una generación sin precedentes.

Dios es un ser supremo que suple toda necesidad. Vienen a mi mente aquellas mujeres que por alguna condición de salud o genética no pueden tener hijos. Tal vez quizás no esté en ellas la situación de no procrear sino en el varón. Siempre mantengo mi fe en la Palabra de Dios y déjame hablarte de una historia bíblica en la cual había una mujer estéril la cual tenía dos obstáculos principales: una era de edad muy avanzada y la otra su esterilidad. Dentro de las posibilidades racionales de esta mujer no podía existir alguna ilusión de concebir un hijo, pero dentro de la visión y poder de Dios esta seria madre de multitudes. En ella tuvo que haber un cambio de aceptación en la promesa que Dios impartió a su vida. Esta mujer al igual que Eva pasaron por el proceso de que su nombre tenia que ser cambiado. Se llamaba Saraí y Dios le cambio el nombre a Sara que significa Princesa. La promesa de Dios para esta mujer es que tendría un hijo en su vejez y este vendría a ser un hombre el cual Dios utilizaría para que su descendencia fuera multiplicada a tal punto que no se podría contar. De esta generación se establece el pueblo de Israel que luego vendría a ser escogido por Dios en el plan para redención por medio del nacimiento de Jesús, el Hijo de Dios. El Señor ve en ti muchas posibilidades. Tu no las ves. Cuando la palabra de Dios es dada esta se tiene que cumplir en tu vida. Dios es Dios de verdad, de promesas y de pactos. No falla, es fiel y se complace en bendecir a sus hijos. Así que ten fe y confía.

El tercer distintivo en la mujer es que puede amamantar a sus hijos. Amamantar no es otra cosa que nutrir lo necesario en la alimentación de un infante, es alimentar. El alimento de la madre es necesario para el desarrollo y crecimiento del hijo. Científicamente se ha establecido que no hay mejor alimento que la leche materna ya que tiene todos lo elementos necesarios para el crecimiento y desarrollo del infante. La mujer en su forma única es la llamada a nutrir a sus hijos con el alimento necesario y único que Dios ha puesto en ella. El hombre es un buen suplidor para comprar alimentos. La mujer esta creada para que de su propia esencia imparta vida y la nutra hasta que la vida que trae al mundo crezca y se desarrolle de una manera adecuada y firme. Es grandioso el saber que tu como mujer puedes impartir a tus hijos los nutrientes necesarios de vida para poder subsistir. No solo impartes alimento físico sino también aliento espiritual. Tienes la capacidad de procrear vida y de hacer que se mantenga viviendo. Imparte el alimento necesario en la vida de los demás. No solo tienes la capacidad de nutrir a tu familia. Dios ha puesto en ti el suplido necesario a nivel de ayuda de consejería, servicio, comprensión y amor para que este mundo sea mejor. Reenfoca tu vida. No permitas que tu leche materna espiritual se contamine con la amargura y el dolor de este mundo. Hay don de vida en ti. Muéstrale a los demás que Dios te hizo un ser especial que establece la diferencia donde quiera que se para, y más aún muéstrate a ti que eres dichosa al ser creada mujer y que esa esencia te la regalo Dios con un propósito eterno. Dios ama a la mujer, también al hombre. Nos da la posibilidad de dar fruto bueno y en abundancia. Por medio de la procreación física surgen las razas, las naciones y la esencia de lo que es el individuo. Y por medio de la concepción espiritual de un fruto surgen ministerios de ayuda para los seres humanos, para dar a conocer la Palabra de Dios y para lograr un propósito de vida lleno de satisfacción. No nacimos para vivir por vivir. Nacimos para hacer una diferencia de vida en el comportamiento de cada ser humano. Esperando que esta diferencia produzca cambios positivos, reales y permanentes.

Marcas de sangre

En el libro del Génesis se encuentra el primer sacrificio con sangre registrado por Dios en la Biblia. Una vez el hombre pecó en rebelión a la palabra que Dios le dio sobre que no debía comer del árbol del bien y el mal, ni del árbol de la vida, se dan cuenta de que estaban desnudos. El conocimiento de lo correcto e incorrecto vino a ser evidente en el hombre y se perdió su inocencia ante el cuerpo físico y el área espiritual. Luego que Dios pronuncia el juicio contra Eva y Adán procede a hacerles ropa de pieles para vestirlos (Capitulo. 3:21). Al quitarle las pieles a los animales tuvo que ocurrir un derramamiento de sangre. Luego ocurre una situación de muerte donde siendo Caín y Abel hermanos, Caín mata a Abel bajo un acto de envidia y egoísmo (Génesis 4:8). Nuevamente hay un derramamiento de sangre. En esta historia lo que me llama la atención es que cuando Dios le pregunta a Caín por su hermano y este no le da una respuesta correcta y dirigida hacia lo sucedido, Dios le dice: "Desde la tierra, la sangre de tu hermano reclama justicia. Por eso, ahora quedarás bajo la maldición de la tierra" (Génesis 4:9 al 10). Es de conocimiento general que la sangre es lo que mantiene viva a una persona. Si la sangre de un cuerpo se contamina o si un cuerpo se desangra el efecto esperado es la muerte física. La sangre tiene un vinculo de unidad con lo que toca o donde permanece. En la historia de la muerte de Abel, Dios establece que la tierra que recibió la sangre de él clamaba por justicia. Como creación hecha del polvo, guardamos un enlace con la tierra. Más allá de esto la sangre establece una unión perfecta y redentora de todo lo que puede ser la vida de un individuo, su presente y futuro. En el Antiguo Testamento uno de los ritos establecidos por el pueblo de Israel bajo la ley de Dios dada a Moisés, lo fue el sacrificio de animales sin contaminación, esto para redimir al hombre de todo pecado y como medio para mantener la relación de Dios y los hombres. Al igual que el sacerdote tenia que estar ofreciendo sacrificios constantes para que Dios perdonara el pecado del ser humano, así mismo Jesús se entregó como sacrificio perfecto sin mancha para redimir al hombre del pecado (Hebreos 9:11 al 22). Esto se puede visualizar por medio de la muerte en la Cruz del Calvario de Jesús. Su sangre fue el precio que pagó para redimirnos del pecado y de la muerte. Jesús nos brindó un camino nuevo lleno de salvación para nuestra alma por medio de su entrega al morir. Y es la sangre de Jesús la que nos permite ser llamados hijos de Dios, ya que se estableció un pacto de sangre, permitiendo la reconciliación con nuestro Creador y Padre Eterno. El apóstol Pablo en el libro a los Efesios narra lo siguiente:

> *Bendito sea el Dios y Padre de nuestro Señor Jesucristo que nos bendijo con toda bendición espiritual en los lugares celestiales en Cristo, según nos escogió en él antes de la fundación del mundo, para que fuésemos santos y sin mancha delante de él, en amor habiéndonos predestinado para ser adoptados hijos suyos por medio de Jesucristo, según el puro afecto de su voluntad, para alabanza de la gloria de su gracia, con la cual nos hizo aceptos en el Amado, en quien tenemos redención por su sangre, el perdón de pecados según las riquezas de su gracia, que hizo sobreabundar para con nosotros en toda sabiduría e inteligencia. Efesios 1:3 al 8*

Hay una marca de sangre impregnada en cada corazón de todo individuo que le ha entregado su alma a Dios. Como hijas del Dios altísimo venimos a ser, hijas marcadas por su sangre. Y recuerda que en Jesús siempre hay vida. En cuanto a los hombres, estos vienen a ser hijos de Dios por la sangre de Jesús, para transformar al mundo.

Hacer la voluntad de Dios

Ahora, vamos a otro punto; luego de la anunciación del ángel a María y de como sucedería esta concepción en ella, ya que esta no tenía esposo ni vida conyugal, fueron dichas unas palabras muy importantes de parte de María: "He aquí la sierva del Señor; hágase conmigo conforme a tu palabra".Wao … que hermoso y que actitud valerosa la de esta mujer. Hubo una rendición absoluta de su persona hacía la voluntad de Dios. ¿Estarías tu dispuesta (o) a entregar toda tu vida a Dios, toda tu voluntad para que se realice el cumplimiento de una gran promesa, visión, misión o sueño que halla sido implantado en ti? Recuerda, es necesario que se haga la voluntad de Dios para poder concebir! Y aquí me detengo un ratito... María tuvo que creer y aceptar que la palabra que recibía de parte del ángel provenía de Dios. Tuvo que entrar en la confianza absoluta y depositarse en las manos de El. Y tuvo que dejar su vida en manos de su Creador para que se cumpliera el plan establecido por Dios para la redención de la humanidad. María sabía que su vida iba a cambiar completamente en los próximos días. Sería enfrentada al que dirán, a las burlas y expresiones que causan dolor por medio de la difamación e injurias. Más aún siendo esta una joven virgen ante el pueblo judío. Tendría que enfrentar a su futuro esposo José (al cual el ángel se le tuvo que presentar e indicarle la situación por la cual María estaba pasando bajo la voluntad de Dios), porque racionalmente es inconcebible que una mujer virgen pueda procrear. María tenia que tener una seguridad de quien era ella como mujer y como sierva de Dios. Esta debía ser una mujer de valores, de fe y de confianza en las palabras de un Dios verdadero que se manifestaría a ella por la presencia del Espíritu Santo de Dios (Lucas 1:35). Esta se convertiría en la mimada del Dios Creador y Todopoderoso. ¿Deseas ser tu, una persona mimada por Dios? Para ser una persona mimada por Dios tienes que rendir tu voluntad a él y salir de tus comodidades para enfrentarte a otra realidad necesaria en tu vida que te llevará a la realización de los sueños, metas y a la misión de vida reservada para ti.

La esencia de Dios es amor y fue su amor lo que lo movió a un plan perfecto de salvación y redención por medio de ese gran hombre, Jesús, el Hijo del Altísimo. El rendir tu voluntad a Dios es un acto de obediencia, de valor y de una capacidad de madurez que evidencia la excelente formación de un buen carácter y un buen corazón. Cuando entregas todo tu ser confiadamente al Hacedor de los Hombres estás aceptando que tu vida ya no es tuya y que te mueves a salir de todo lo común que pueda estar ocurriendo en tu vida para avanzar hacía un mundo quizás desconocido por ti pero conocido por Dios. Y lo maravilloso es que en el caminar por ese mundo no estarás sin compañía, hay uno que te llevará en sus brazos y se llama Jesús.

*Así dice Jehová, Hacedor tuyo, y el que te formó
desde el vientre, el cual te ayudará: No temas,
siervo mío Jacob, y tú, Jesurún, a quien yo escogí.
Isaías 44:2*

En el cual encontrarás riquezas, heredad, amor y abundancia. Tu vida será considerada como un fruto evidente de la buena abundancia de Dios (Juan 15:16).Este fruto seguirá repartiendo sus semillas por generaciones (Salmo 92:14). ¿Entiendes ahora porqué hay que establecer lo necesario en tu vida? ¿Rindes tu voluntad a Dios y permites que se produzca el fruto por medio de su Palabra en ti? o ¿ Estableces tu propio rumbo viviendo lo cotidiano y común, que es más de lo mismo? Decide tú. Dios es un Dios sobrenatural, no se adapta a tus pensamientos y límites. Permite que Dios ponga su semilla en ti, para que pueda haber fruto y puedas concebir en abundancia. No te cansarás de darle las gracias por su amor y fidelidad a su Palabra.

*Yo soy la vid, vosotros los pámpanos, el que permanece
en mí, y yo en él, éste lleva mucho fruto porque separados
de mí nada podéis hacer. Juan 15:5*

Capítulo VI

CUANDO TE RETIÑAN LOS OIDOS

(Esperar)

Y vino Jehová y se paró, y llamó como las otras veces: ¡Samuel, Samuel! Entonces Samuel dijo: Habla, porque tu siervo oye. Y Jehová dijo a Samuel: He aquí haré yo una cosa en Israel, que a quien la oyere, le retiñirán ambos oídos. 1 Samuel 3:10 al 11

En cierta ocasión realizaba una entrevista inicial para poder brindar un servicio a una persona. Esta comenzó a hablar sobre sus experiencias de la infancia. Me comentaba que desde la edad de 8 años escuchaba voces de personas que conocía y que al momento no estaban presentes. También oía voces de individuos que desconocía o estaban muertos. No tuve ninguna sorpresa de lo que esta decía ya que en otras ocasiones había escuchado situaciones parecidas. En un momento de la conversación puse más interés en lo que esta persona me hablaba ya que asociaba la situación de que ella escuchara voces con su mamá, porque también su madre desde muy pequeña escuchaba voces. Luego la persona me señaló que desde temprana edad la estaban tratando médicamente por una condición de salud mental. Fue entonces que le pregunté que si entre tantas voces que escuchaba, en algún momento, había escuchado la voz de Dios. Esta persona rápidamente me contestó que nunca había escuchado la voz de Dios. Y por supuesto saqué unos pocos minutos para hablarle de Dios, de su amor y de todo lo que él podía hacer para ayudarla con su condición de salud mental.

En otra ocasión tuve una compañera de trabajo que decía tener un don especial el cual utilizaba para ayudar a las personas a encontrar el bien en la vida y a dirigirlas fuera del mal. Esta mencionaba que hablaba con espíritus (buenos y malos) y que ella era una agente de paz. Siempre se pasaba prendiendo velas blancas en su casa como señal de que habitaba la luz y no las tinieblas. En varias ocasiones le hable de la Palabra de Dios. Esta conocía algunas historias de la misma, pero las aplicaba a su vida de una manera errónea y las asociaba con sus prácticas de hechicería. Constantemente estaba enferma y deprimida. Su economía no era buena ya que tenia que gastar mucho dinero en los médicos porque ella entendía que por medio de sus buenas oraciones y obras por los demás, atrapaba todo lo malo para si. Según ella, estaba en este mundo para realizar ese propósito. La realidad es que estaba muy confundida, enferma y no sabía hacia donde se dirigía con todo esto. Su vida sentimental estaba mal ya que fue victima de violencia doméstica y la pareja actual que tenía no le brindaba ninguna seguridad y estabilidad. Esta persona en un tiempo recibió ayuda sicológica y siquiátrica. Como estas historias he escuchado muchas. No deseo entrar en un debate de las situaciones que aquejaban a estas dos personas, pero si quiero establecer algunas cosas. Se que existen trastornos mentales por la información médica que he leído o escuchado por los diferentes medios de comunicación. Pero también se que existe un mundo espiritual donde hay seres espirituales que ejercen influencias y se manifiestan en el mundo físico y terrenal. Estos seres pueden ser buenos o malos. Y es mi deseo que entiendas que el mundo espiritual es tan real como el mundo terrenal que tu ves. El mundo físico se creó del mundo espiritual.

Por la fe entendemos haber sido constituido el universo por la palabra de Dios, de modo que lo que se ve fue hecho delo que no se veía. hebreos 11:3

En mi vida cristiana son muchas las situaciones que he experimentado en cuanto al mundo espiritual, desde la llenura del bautismo del Espíritu Santo, bendiciones hermosas de liberaciones y sanidades hasta servir en el área de guerra espiritual contra las asechanzas del enemigo. El mundo espiritual es uno de dimensiones desconocidas desde la razón humana, pero para la mente de Dios es un lugar de revelación y conocimiento dado a los hombres. Comencemos por Dios: su Palabra nos dice que él es Espíritu y es Todopoderoso. Para él no hay nada imposible y por él fueron creadas todas las cosas.

Porque en él (Cristo) fueron creadas todas las cosas, las que hay en los cielos y las que hay en la tierra, visibles e invisibles; sean tronos, sean dominios, sean principados, sean potestades; todo fue creado por medio de él y para él. Y él es antes de todas las cosas, y todas las cosas en él subsisten. Colosenses 1: 16 al 17

También nos menciona a seres angelicales que en la mayoría de los casos los nombran en términos masculinos pero no se define el sexo como tal (Génesis 28:12, Lucas 15:10, Juan 20:12). Jesús el Hijo de Dios se encarnó por medio de la concepción del Espíritu Santo de Dios y de una mujer virgen llamada María (Lucas 1:35). El pueblo de Israel (los judíos) sabían de los espíritus malignos o demonios ya que se manifestaban en personas de la región (Marcos 1:23, Lucas 9:42). Podemos ver en la Biblia sin fines de situaciones donde se muestra a seres espirituales, transfiguraciones de cuerpos, etc. Y se nos hace consciente de este mundo espiritual haciendo referencia a dos reinos: el Reino de los Cielos o Reino de Dios y el Reino del Maligno o de Satanás. Hoy en día la gran mayoría de los seres humanos deben tener algún conocimiento sobre el bien y el mal ya desde pequeños se les enseña sobre esto. Se lee en la Biblia por repetidas ocasiones como Dios se manifestaba a su pueblo por medio de su voz audible y por medio de los sacerdotes y profetas. En la palabra, señalada al principio de este capítulo menciona que hay un joven llamado Samuel que escucha la voz de Dios estando en el templo de Jehová. Según la historia, este joven desde pequeño comenzó a vivir en el templo ya que fue dedicado por su madre Ana desde el momento en que le pidió a Dios que le permitiera concebir un hijo (1 Samuel 1:26 al 28). Desde muy pequeño Samuel ayudaba al sacerdote Elí en la ministración del templo. Elí ya era una persona de edad avanzada cuando un día mientras descansaba y Samuel se encontraba durmiendo en su cuarto, vino palabra de Dios a Samuel. Este lo llamó por tres ocasiones seguidas, y luego de cada una de ellas Samuel respondió llegando hasta el lugar donde se encontraba Elí, pensando que era este quién le hablaba. Pero luego de la tercera ocasión Elí pudo entender que era Dios quien estaba llamando a Samuel para darle un mensaje y le indicó a éste que cuando escuchara nuevamente la voz dijera: "Habla Jehová que tu siervo oye". Cuando Dios le habla a Samuel por cuarta vez, este sigue las instrucciones que Elí le dio y escuchó el mensaje. Aunque Samuel fue criado dentro del templo de Jehová y fue educado en el servicio ministerial nunca había tenido un encuentro con Dios. (1 Samuel 3:7). En la vida de cada ser humano debe haber un momento de conocimiento sobre la revelación de quién es Dios. Pero para que esto suceda debe haber una palabra o mensaje recibido que muestre la personalidad de él. Día a día ocurren muchas situaciones en las cuales entendemos que algo está pasando en nuestra vida y se puede identificar un vacío o una necesidad inmediata que debe ser llenada con algo fuera de lo común. El sentir que hay en el corazón muestra que es necesario que algo poderoso ocurra que cambie nuestra vida. Ya que ante los problemas y las situaciones que se enfrentan, el conocimiento adquirido, las fuerzas emocionales y físicas no llevan a un resultado favorable. Es hay cuando se necesita escuchar la voz de Dios, ya sea de manera audible o a través de un pensamiento o idea que te permite sentir lo expresado.

Si no has pasado por la experiencia de escuchar la voz de Dios, te estarás preguntando: ¿Puede ser esto real? La respuesta es sí, la voz de Dios es real y es dada al hombre para la revelación de su voluntad y sus propósitos de vida para ti. Por medio de la voz de Dios o su Palabra es mostrado su amor, misericordia, perdón, guianza, se expone su reino, y es establecido el principio de la salvación eterna. Para oír la voz de Dios es necesario estar alerta ante todo las experiencias de vida que tengas, ya que en cualquier momento puede ser revelada su Palabra. Es necesario saber escuchar la voz de Dios. Quizás te preguntas, ¿Como puedo saber que Dios me está hablando y no son cosas mías? Para poder reconocer la voz de Dios tienes que creer que él es real y tener en tu corazón los fundamentos establecidos en la Biblia. La Biblia te enseña a conocer la personalidad de Dios, sus planes, su poder, su visión y te da todo el conocimiento necesario para vivir. Debes haber ofrendado tu corazón a él pidiéndole que tome tu voluntad y te ayude a encontrar tu propósito de vida. Tienes que buscar su presencia por medio de la oración, la meditación y la adoración a nivel de tu espíritu. Es bueno relacionarte con personas que vivan la palabra de Dios en obediencia, amor y buenas obras. Hay que habitar en el lugar correcto, cerca de Dios, evitando la contaminación con cosas que no edifican y te puedan llevar a realizar cosas malas. Dedícate a servir en los quehaceres de sus propósitos, estos vendrán a ser los tuyos también, te traerán satisfacción y grandes bendiciones. No te desesperes por escuchar la voz de Dios. Cuando te afanas entras en un estado de opresión mental donde el sonido que hay en tu mente viene a hacer mucho ruido y esto no te permitirá oír su voz. Enfócate en descansar en la espera de que su Palabra será revelada a ti en cualquier momento. El mensaje que Dios te revele hará que tu vida y la de otros cambie, no tengas temor ante lo desconocido (cosas que no has experimentado). La seguridad, confianza, fortaleza y guianza se encuentran en Dios. Siempre Dios pondrá alguna persona que te sirva de mentor o maestro en las cosas espirituales que te ayudaran a entender el mensaje que Dios te da y desea que lleves a cabo. En algún momento de tu vida te retiñirán los oídos ante la poderosa palabra de Dios que te será revelada. Hay bendición total en todo esto, deléitate en su Palabra.

Estar alerta ante la voz de Dios

Cuando tuve mi primer hijo me sentía bendecida de parte de Dios por ese gran regalo de vida. Luego de que me dieran de alta del hospital, llegué a mi casa, había dejado todo preparado para la bienvenida de esa hermosa criatura. Al pasar los primeros días comencé a notar que mi hijo lloraba aproximadamente de cada dos horas cuando mojaba su pañal o tenia hambre. Me dediqué con esmero a estar alerta a su llanto ya que sabía que era su única forma de expresarme que tenia hambre o que alguna situación le pasaba. Me volví una madre experta en escuchar y descifrar los llantos de mi bebé. Sabía que como mamá primeriza debía esforzarme por cuidar y proteger la herencia de vida, que Dios puso en mis manos. El yo estar alerta a la voz de mi niño era un indicio del cuidado de amor, por medio de la vigilancia o atención que le dedicara. De igual forma las personas tienen que estar alerta, prestando toda atención a las palabras que Dios desea comunicar para poder caminar hacia el propósito al cual cada uno fue llamado para esta vida. La voz de Dios es particular, especial e intima. El puede revelarse de cualquier manera. Recuerda siempre que la mejor palabra dada por Dios es la que encuentras en las Sagradas Escrituras. También su Palabra puede ser dada a través de emisarios como profetas, ángeles, y hombres o mujeres al servicio de Dios. No importa de la manera en que la escuches o sea traída a ti la Palabra será de amonestación, edificación y exhortación. Lo que importa es que busques que la Palabra de Dios sea revelada a tu vida y nunca dejes de prestar atención a ella. Primeramente Samuel estaba alerta ante la voz de Elí, luego que Elí le da las instrucciones de lo que debía hacer porque sabía que era Dios quién llamaba a Samuel, este estuvo alerta ante la voz de Dios. Samuel estuvo en la mejor disposición de escuchar y aceptar el mensaje que se le daría. Puede que en algún momento Dios te llame por tu nombre como lo hizo con Samuel. ¿Estás alerta esperando oír su voz? No es nada difícil prestar atención ante la voz de Dios. Tenemos que aprender a disciplinar nuestros oídos y mente para poder saber escuchar la voz de nuestro Señor.

Saber escuchar

Reconozco las voces de mis hijos, de mi esposo, familiares, amigos, etc. Esto es así por la relación que se ha establecido de acercamiento entre nosotros. En ocasiones he realizado una llamada telefónica a alguien y al escuchar la voz del otro lado del teléfono puedo asociar la voz de la persona que hablo con la de alguien que conozco. En otras ocasiones puedo detectar que una voz es muy parecida a la de la persona con quién deseo hablar pero se que no es la de esa persona sino la de un hijo, padre, madre o hermano, etc. Para aprender a diferenciar las voces solo hay que dedicarse a escuchar con atención y en forma correcta. Hay que aprender a reconocer la voz de Dios ya que se presentan muchas situaciones donde el mensaje que escuchamos no proviene de él. Es decir, el mensaje que se escucha si es de parte de Dios tiene que evidenciar su palabra. El enemigo de las almas es un mentiroso y puede imitar la voz de Dios trayéndote un mensaje como si fuera de Dios pero no lo es (Juan 8:44). Tenemos que aprender a probar los espíritus que traen el mensaje (1 Juan 4:1).Son muchas las voces que en ocasiones escuchamos y a la larga todo esto lo que trae son confusiones y dudas en cuanto a la palabra recibida. Si en algún momento te llegara un mensaje o escucharás un palabra que dice provenir de Dios y esta trae confusión a tu vida, realmente esta palabra no proviene de Dios. El Señor muestra su Palabra con claridad y verdad (Juan 14:6). Su Espíritu Santo se encarga de revelarte el mensaje que te fue impartido (Juan 16:13). Cuando dedicas tiempo para orar y estar en comunicación con Dios, él imparte a tu mente, espíritu y alma un sentir de todo lo que es correcto, de lo que conviene y es su Palabra. No habrá duda de que esa es su voz, y tendrás confianza en la idea o pensamiento que te ha sido dado. Si no aprendes a escuchar correctamente sucederá lo siguiente: tendrás un mensaje con una definición incorrecta, habrá confusión en cuanto al mensaje ya que no podrás establecerlo o interpretarlo correctamente y puedes obrar mal en cuanto a una toma de decisiones. Es importante prestar atención a la voz de Dios, esto te imparte seguridad y confianza al recibir su mensaje y podrás expresarlo a otros de la misma manera. Cuando prestas atención a la voz de Dios aprendes a amarlo, a buscar su presencia y a establecer las prioridades dentro de la guianza del Espíritu Santo de Dios. El comenzará a revelar a tu vida revelaciones espirituales y de sabiduría para tu subsistencia.

Conoce la voz de Dios

La voz de Dios es una expresión de amor hacia mi vida. Tener un mensaje señalado con un propósito en particular para mi es obtener sabiduría para mi alma. Es de gran importancia conocer la voz de Dios. ¿Como identifico la voz de Dios en mi vida? La voz de Dios es revelada por medio de su palabra en la Biblia, pero también es dada por medio de su Espíritu Santo en nuestra mente y corazón. Uno de los puntos importantes es que para conocer la voz de Dios tienes que tenerlo en él corazón. Es decir, debe existir alguna creencia de que es real y haber tenido alguna relación con él. En el caso de Samuel este había recibido desde muy niño una educación sobre el Dios de sus padres llamado Jehová (1 Samuel 3: 7). Debieron ser muchas las ocasiones en que Samuel tubo contacto con las Escrituras de los Profetas o con la Ley de Moisés. Estas le enseñaron la personalidad del Dios al que servía en el templo. En una ocasión Jesús, el Hijo de Dios, les decía a los judíos que estos nunca han visto el aspecto de su Padre y no habían oído su voz porque las palabras que tenían que guardar y practicar no las vivían (San Juan 5: 37 al 38). Esto implica que aquellos que pueden conocer la voz de Dios deben vivir una vida ordenada y correcta. Aquellos que pueden conocer la voz de Dios simplemente le conocen. Debo aclarar algo, en la soberanía de Dios el puede hablarle a cualquier persona, pero para ser reconocida su voz debes tenerlo en el corazón de lo contrario es Dios quién se te revela para que puedas tener entendimiento de que es él. Ten por seguro que Dios te conoce a ti.

Mis ovejas oyen mi voz, y yo las conozco, y me siguen. Juan 10:27

Le dijo entonces Pilatos: ¿Luego, eres tú rey?
Respondió Jesús: Tú dices qué yo soy rey.
Yo para esto he nacido, y para esto he venido al mundo, para dar testimonio a la verdad.
Todo aquel que es de la verdad, oye mi voz.
Juan 18:37

En el lugar correcto

Cierto día me hicieron una invitación a un compartir familiar. Muy dentro de mí sabía que no debía asistir a dicha reunión. Entendía que debido a unas situaciones anteriores que habían ocurrido, no era lo más viable estar en ese lugar. A pesar de todo asistí. No había transcurrido ni una hora cuando me tuve que ir a toda prisa ya que se formó un pleito tan grande que no me quedó más remedio. En otra ocasión me encontraba en un hogar. El ambiente de hostilidad que se respiraba allí me era un indicador de que estaba en el lugar equivocado. Decidí no permanecer y me fui. Minutos después de mi salida, ocurrió un tiroteo que hirió a cinco jóvenes que compartían juntos. En ambas situaciones estaba en el lugar incorrecto y como dicen en mi barrio, a la hora equivocada. He tenido el hecho de estar en lugares donde sé que no corro ningún riesgo y puedo sentirme protegida, amada y en paz. Uno de los lugares donde he estado en el cual puedo sentirme tranquila es en la Casa de Dios. Ahí tengo mis momentos de edificación, restauración y de sosiego donde puedo abrir mi corazón completamente sin temor a que me lastimen o rechacen. Cuando la vida de un creyente es entregada a su Señor, él se encargará de llevarle por el camino correcto y le establecerá como hijo en sus dominios. Una persona que tiene una vida bajo los estatutos de la palabra de Dios viene a establecer la luz donde hay tinieblas. El Espíritu Santo de Dios cumplirá su parte de mantenerle y manifestarse en el lugar donde esté. Es necesario estar en el lugar correcto para poder escuchar la voz de Dios, recibirla y ponerla por obra. Samuel estaba en el lugar correcto y en el momento adecuado para que Dios se le revelara.

En nuestra vida tenemos que aprender cual es el territorio en el cual debemos habitar. El lugar que debemos habitar y dominar es en aquel territorio establecido por nuestro Padre Dios. Hay terrenos que son demarcados como lugares donde el mal reina y estos lugares se pueden habitar mientras se tenga el conocimiento y se ejecute la autoridad de Dios para ocuparlos. De lo contrario es necesario que aprendas bajo el conocimiento de Dios todo lo necesario para tomar jurisdicción y que en algún momento tomes control de lo que ya esta realizado para ti. El Señor se encargará de hablarte si estás en el lugar correcto. Espera como Samuel que te llame y una vez lo haga dile: "Habla, que tu siervo escucha".

En la presencia de Dios

Si buscas la presencia de Dios tienes que estar bien dedicado a sus propósitos, para que puedas oír el sonido del llamamiento de su voz. Samuel ministraba en el Templo y una de las cosas que tenía que realizar en el servicio a Dios era la adoración (Salmo 5:7) y la oración. Ambas llevan a establecer una entrada en la presencia de Dios. En medio de la adoración y la oración existen los momentos de reflexión donde impera una necesidad de alcanzar la voz del Todopoderoso. La presteza a recibir noticias ante cualquier momento de intimidad con Dios es un canal de bendición para obtener el mensaje que es traído. Hay que entender que también hay momentos de silencio y meditación que son determinados para conseguir una comunicación efectiva (Eclesiastés 3:7, Hechos 10:33). Cuando Samuel descansaba en el aposento fue que recibió la palabra de revelación que debía hablar a Elí y a su familia (1 Samuel 3: 3,11 al 14). Se tiene que tomar tiempo para poder descansar y relajarse. Los ruidos y la turbulencia no permiten escuchar lo que Dios desea expresar. Dos personas que hablan a la vez no se pueden comunicar correctamente ya que ambas no pueden entender el mensaje que se desea llevar con claridad y con la interpretación adecuada. Mientras se está en la presencia de Dios hay que tener un oído dispuesto a recibir, una mente abierta a toda experiencia nueva y un corazón con integridad que esté sustentado en la verdad para que el mensaje otorgado no sea tergiversado y declarado con la exposición debida (1 Pedro 4:11). Cuando fue revelada la voz de Dios a Samuel su vida por completo cambio y la Palabra lo llevó a comenzar su llamamiento como profeta. Esta desencadenó un nuevo comienzo en la labor ministerial de Samuel como en la vida de Elí y en su generación. Los mensajes declarados por Jehová establecen un tiempo definido para el cumplimiento de algo sobre la vida del que recibe la palabra para transmitirla y sobre quién es enviada. Por dicha razón es necesario oír la voz de Dios con detenimiento y diligencia. Cuando escuchas con detenimiento y diligencia aprendes a entender el lenguaje correcto de Dios. Ese es el lenguaje que te conectará con el reino del Padre y te permitirá entender su corazón y su voluntad. ¿Estás esperando un mensaje de parte de tu Creador, en medio de la intimidad de su presencia? Espera, pronto escucharás su dulce y poderosa voz... No te detengas al escuchar su grato lenguaje y su sabiduría como Señor de todo conocimiento.

Capítulo VII

DEJA QUE DIOS TE PREPARE

(Preparación)

*Solamente esfuérzate y sé muy valiente, para cuidar
de hacer conforme a toda la ley que mi siervo Moisés te
mandó; no te apartes de ella ni a diestra ni a siniestra,
para que seas prosperado en todas las cosas que emprendas.*
Josué 1: 7

En la empresa gubernamental que trabajé por un periodo de tiempo, frecuentemente era mi obligación asistir a diferentes talleres de capacitación y orientación de nuevas reglamentaciones. Era para mí muy emocionante el asistir a estos, ya que existía la sensación de novedad y de desafió. Al estar en estos talleres entendía que si no pasaba los requisitos necesarios que debía obtener y conocer no podría ejercer bien mis funciones en el empleo. Por dicha razón me esforzaba por escuchar correctamente las instrucciones impartidas y aplicarlas con exactitud. Tuve que disponer mi mente y mis capacidades para realizar bien las funciones de mi trabajo ya que no podía dejar de prestarle importancia a que éste era mi empleo, el cual suplía mi sostén económico y el de mi familia. Aprendí a interesarme aún en todo aquello que me desagradaba con el fin de desarrollarme en las ejecuciones establecidas. No es fácil entrar en un proceso de preparación ante lo desconocido. Pero que bueno que siempre hay personas que sirven de instructores, previamente capacitados y experimentados en las materias para enseñar. Esas personas vienen a ser líderes, pastores, mentores, educadores, etc. En la vida del joven Josué hubo un maestro muy grande en sabiduría, tanto es así que en el libro de Deuteronomio, capitulo 34: 10 al 12 señala que nunca se levanto profeta en Israel como Moisés a quién haya conocido Jehová. Las señales que realizó y los milagros hechos fueron de mucha grandeza. Dios utilizó a Moisés con poderosos, terribles y grandes milagros ante el pueblo de Israel. El fue un hombre que ante el llamamiento de Dios para liderar a un pueblo rebelde y con mentalidad de esclavos supo enfrentar la adversidad y permaneció fiel al propósito señalado. La encomienda del profeta Moisés fue una de gran responsabilidad. El establecería un cambio histórico, de dimensiones desconocidas para toda la humanidad. Luego de la muerte de Moisés, Josué vino a ser su sucesor, designado por Dios por su valentía, fidelidad, servicio, visión y entrega. Josué culminaría el proceso comenzado por Moisés de establecer al pueblo de Israel en la tierra de Canaán y otorgar la repartición de este territorio. A Moisés le fue permitido ver la tierra prometida de lejos, pero a Josué le tocaría establecerse en ella, gobernarla, implantando su reino y proseguir extendiendo los dominios de la heredad de Dios, legado de generaciones. Josué fue un hombre visionario que no se dejó llevar por la adversidad y la realidad relativa de la gente que lo rodeaba. Por medio de su entrega hacia el servicio para lo que fue encomendado al lado de Moisés, le fueron otorgadas fuerzas físicas y espirituales para realizar el llamamiento de Dios. Para proseguir en esta tarea él tuvo que poner en orden su vida, rendir su voluntad, recibir guianza para aprender los procedimientos, tomar decisiones necesarias fuera de la visión común, lo cual implica disposición y liderato. Le fue necesario recibir capacitación, educación e instrucción para desarrollar estrategias de conquista (herramientas necesarias), las cuales le permitirían la permanencia y durabilidad de su gobierno y reinado. Para gobernar y reinar Josué necesitaría poseer las siguientes cualidades: facultad de mando y poder (influencias), confianza y fe en Dios, constancia y perseverancia no importando la oposición de aquellos con ceguera espiritual (falta de visión) y de entendimiento para establecer su llamamiento. El ser humano tiene que estar constantemente evaluando su vida ante la posibilidad de tener carencia de sueños. Cuando Dios te quiere encaminar a salir de una vida rutinaria y común es que desea que entiendas que él ha puesto sueños de vida que traerán felicidad a tu existencia en este mundo. Para encaminarte hacia lo que se debe hacer es imperativo que realices lo que es necesario, ya que Dios se encargará de hacer lo imposible ante tus ojos. Pero es necesario que actúes sin dejar pasar el tiempo, ni tus ansias ya que en medio del proceso de la preparación y realización de tus sueños, visión o metas no estarás nunca solo. Decídete a actuar no pienses en tus capacidades, el Señor de toda la creación sabe las aptitudes y cualidades que posees y créeme que si el te llamó a realizar un encomienda, él mismo se encargará de dotarte con todo lo necesario para que la realices. No temas ante el llamamiento de Dios para tu vida, continua en la visión, enfrenta las adversidades, reina y gobierna. Tienes heredad en Dios con toda plenitud.

Ser visionario

En el plan establecido por Dios para cumplir el propósito de vida sobre cada ser humano en este mundo es necesario vivir bajo una visión. Esta visión puede ser un sueño que se desea realizar o una meta que al obtenerla traerá gratificación al que la cumple. En la Palabra de Dios hay muchas personas que fueron visionarias y emprendieron un deseo de realizar algo sin saber sus limitaciones y las adversidades que podrían encontrar en el camino. Estas personas actuaron por fe, confiando en aquél que los llamó (Hebreos 11). Cuando es establecida la visión en el pensamiento del hombre surge un nuevo sentir y se vive bajo grandes expectativas que parecen ilógicas ante los demás pero muy acertadas para la persona visionaria. Cada individuo debe permitirse soñar. La vida sin un sueño es algo vacío y sin sentido. Viene a ser un vida monótona y amarga. Hay personas que se acostumbran a las situaciones del día a día como si no existiera nada más en la vida. Se acomodan a su realidad existente que los lleva a estar atrapado bajo el sueño y la visión de otros haciéndolos sus esclavos de espíritu y mente (1 Corintios 7:23). Me explico, en ocasiones se sirve trabajando para otro (no hay nada malo en servir) pero no se establece algún plan de vida para realizar aquello que sabemos es puesto por Dios en cada uno de nosotros para crecer y desarrollarnos a plenitud. Debemos vivir bajo la sombra y el abrigo de Dios no del hombre (Salmo 91:1). Cada individuo fue creado para cumplir una misión de vida y fallan al no realizarla por la dejadez o la complacencia ante los demás. Siempre hay momentos para servir y puedo decir que en este mundo nunca se dejará de servir a otros pero también hay momentos de establecerse bajo la visión de Dios para cumplir la buena obra que él ha depositado en cada uno de nosotros (Efesios 2:10). Josué fue determinado en seguir la visión que se le impartió y pudo ver más allá de su pensamiento natural hacia dimensiones desconocidas para él valiéndose de una palabra recibida que fue puesta en su corazón. No permitas nunca que alguien o algo aniquile la visión que has recibido. Ese sueño es tu vida misma y de ti depende el cumplimiento de la misma. Solo camina en fe y condúcete hacia lo sobrenatural y espléndido de Dios. No todos entenderán tu sueño, pero aquellos que lo reconozcan gozarán juntamente contigo de las bendiciones que de el se produzcan.

Querer como hacer

Luego de ser plantada la visión de Dios en Josué este tuvo que entrar en un proceso de rendir su voluntad y estar en la mejor disposición para lograr el cumplimiento de esta. Su estado de ánimo debió ser alterado para dirigirse a realizar la meta. Dios depositó un sentido responsabilidad y compromiso en él para querer continuar con el liderato de sucesión de Moisés. Ya no sería la visión de Moisés sino la nueva encomienda de Josué. Un nuevo sueño, una nueva vida, unas nuevas expectativas de grandes riquezas y bendiciones. Era necesario que Moisés muriera para que Josué comenzara el proceso de conquista de su visión. En medio de esta situación, las palabras que Josué recibe de Dios son que se esfuerce y sea muy valiente porque no lo dejaría, no lo desampararía y le prosperaría en todo lo que emprendiera. El disfrutaría del favor de Dios, mientras guardara y pusiera en obra la palabra de Dios como mandamiento. Hacer la voluntad de Dios lo llevaría a ser un gran conquistador y gobernador. De la misma forma que el favor de Dios estaba en Josué, también es otorgado a todo aquél que cree y guarda las ordenanzas de este. Un gran sentir de agradecimiento hay en cada corazón que ha tenido una experiencia con el Señor. Este sentir le lleva a querer realizar algún sueño, meta o trabajo ministerial que dé a conocer las grandezas de aquél que le salvó y transformó su vida. Dios pone el querer como el hacer su voluntad en sus hijos, en aquellos que son llamados a triunfar y brillar con la luz del Todopoderoso. Si en algún momento has sentido que ha sido implantado un sueño en tu vida y has pensado que no arde el deseo dentro de tu corazón para realizarlo, solo tienes que pedirle a Jehová que toque todo tu pensamiento, tu corazón y ponga en ti el querer realizarlo, como el hacer la obra de su propósito.

Porque Dios es el que en vosotros
produce así el querer como el hacer,
por su buena voluntad. Filipenses 2:13

Orden y guianza

Una persona con madurez sabe establecer lo necesario en su vida. Se despoja de todo lo que no es apropiado y usual. Josué fue un hombre con madurez. El sabía estar al lado de personas que lo ayudarían a fortalecer su mentalidad, por eso siempre estaba al lado de un gran guía, Moisés. De él obtuvo el principio de la sabiduría el cual es el temor a Jehová. El aprendió las mejores enseñanzas de principios morales, religiosos, sociales y políticos para poder guiar al pueblo de Israel. Las poderosas manifestaciones del poder de Dios en Moisés marcaron la vida de este gran líder llevándolo a conquistar todo lo que se propusiera. Cada ser humano en algún momento tiene la necesidad de alguien que le guíe hacia una mejor vida. Ese guía ayudará a encaminar a la persona a una mejor toma de decisiones. Lo bueno de un buen guía es que tiene el conocimiento de experiencias vividas que permiten orientar, dirigir y capacitar. Un buen guía no impone sus criterios por altivez o autoridad. Da información y dirige en cuanto a alternativas viables, buenos modelos a seguir en la planificación para toma de decisiones. Si entiendes que las personas que están a tu alrededor no proveen las cualidades necesarias para la guianza en la toma de decisiones que te ayudarán a obtener tu meta o a realizar la visión de Dios, tienes que apartarte de ellos. Estos te servirán de obstáculos y en algún momento serán tus adversarios ya que son ciegos espirituales en cuanto a ver el llamamiento de Dios en ti. Un buen guía te lleva a crecer y a madurar, es de fortaleza gratificante para tu persona. No te sirve de tropiezo sino que te enseña y dirige como un buen padre amoroso. Te trata como hijo, heredas su conocimiento y te nutre de verdad. No te hace vivir relegado, en tinieblas, en pobreza y dolor espiritual, ni fuera de posición. Te exalta hacia una mejor calidad de vida ya que él se enorgullece al ver que tu logras lo que siempre has deseado establecer para el Reino de Dios. Te encamina a ser un gran conquistador. Recuerda, es momento de que tomes la decisión necesaria para tu vida. No titubees. La guianza y la cobertura mayor que requieres se encuentra en Dios que es tu Padre Espiritual. En la tierra si no tienes el apoyo que tu buscas ministerialmente para lograr la visión que Dios diseñó para ti, no te detengas a esperar que aparezca. Saca momentos para orar a Jehová y él que lo sabe todo y es el Guía Soberano se encargará de poner a tu lado los recursos que necesites en todas las áreas de tu vida y la de los tuyos. Recuerdo escuchar en una exposición a un líder pastoral hablando un mensaje para el pueblo. Este expresaba que cuando Dios revelaba alguna visión o ministerio a algún miembro de su Iglesia, también se lo tenía que revelar a él ya que este era su pastor. Busqué alguna base bíblica para sustentar esas palabras y no encontré nada que me indicara que debía ocurrir así. Lo correcto es que Dios traiga su mensaje o visión a la (s) persona (s) en la que el desea se ejecute (n) el llamamiento, pero no que se establezca por imposición de alguien. Si Dios quiere confirmar el llamamiento por otra persona, eso es solamente eso, una confirmación, no un vínculo de revelación obligatorio establecido bajo la autoridad de un liderato a favor de ese líder que manipula la situación. ¿Te preguntarás por qué me expreso de esta forma? Por que tengo la autoridad de Dios para decirlo como su hija, su Palabra y las experiencias de la vida me han enseñado lo que es correcto hacer sin intención alguna de someter la voluntad de alguien para beneficio propio. Realizar dicha acción de sometimiento es pecaminosa, esclaviza al que se dobdobla y es una actitud muy manipuladora. Mi Dios siempre ha sido todo un caballero y obra en justicia. Una de sus mejores funciones es libertar al hombre del yugo de la esclavitud (Gálatas 5:1). Jehová siempre abrirá o cerrará puertas en medio de tus situaciones y proyectos para bendición tuya. Muévete en la visión de Dios y no en la de los hombres. Hay muchos lideres que saben actuar de acuerdo a la voluntad de Dios y su justicia. A estos debes seguir, respetar, servir y valorar, ya que en un futuro también vendrás a ser guía de otros (puede que ya lo seas).

Capacitación y educación

Se le llama actitud a la disposición de ánimo que se tenga o se asuma para realizar alguna tarea o función. Para el desarrollo de la meta establecida es requerido un buen estado de ánimo ya que no hay peor momento que aquél en que se quiera educar a una persona y esta no desee llevar a cabo ninguna acción porque no está dispuesto. Una mala actitud es un tropiezo para la realización de la visión. Una buena actitud es necesaria, no opcional, en el proceso (2 Timoteo 2:21). La aptitud es la habilidad o capacidad que tiene el individuo para hacer algún trabajo asignado. Dios creó todos los seres humanos con aptitudes necesarias, útiles para la realización de metas. Esto es así por el conocimiento y la sabiduría que le fue otorgado al hombre desde la Creación. Uno puede apreciar el talento que hombres y mujeres desarrollan al hacer una tarea. Por ejemplo: un obrero de construcción tiene aptitudes que le ayudan a permanecer en su empleo porque es diestro en edificar estructuras físicas con aquellos materiales adecuados para ejecutar su trabajo. Otro ejemplo puede ser una secretaria que posee aptitudes que cumplen con sus funciones de puesto porque tiene el conocimiento de dominar el uso de una computadora, contestar un cuadro telefónico, etc. Hay aptitudes que son innatas en la persona, otras se adquieren por el crecimiento del intelecto en el transcurso de la vida. De ambas formas, las aptitudes establecen el desempeño que se puede realizar en la encomienda de la visión. Puede ser que por algún trastorno físico, mental o genético se vea afectada la área funcional de habilidad que pueda desarrollar una persona, pero aún así siempre hay alternativas viables para producir un desarrollo que permita la ejecución de una tarea. De no haber alguna alternativa en la persona de capacidad de ejecución, esta viene a ser un instrumento de motivación para otros en el funcionamiento de alguna obra y esto lo posiciona indirectamente en el plan de la realización de una función. Por ejemplo, una persona que esta incapacitada física y mentalmente en una cama, sirve de recurso para que otros puedan desarrollar sus aptitudes en el desempeño de su trabajo, posicionando a la persona impedida como a alguien de utilidad. En el llamamiento de Dios para llevar a cabo la visión dada a tu vida, es necesario desarrollar al máximo todo el potencial de habilitad que tengas. No debes permitir que la dejadez y cualquier situación contraria te desenfoque de la visión. Debes poner en práctica todos tus talentos, habilidades y capacidades. Recuerda que de ti depende la realidad de un gran sueño. Tú tienes las herramientas necesarias y adecuadas para comenzar a establecer todo lo que Dios ha puesto en ti. Si entiendes que no tienes alguna habilidad, o que necesitas capacitarte más, has dos cosas: la primera pídele a Dios que te capacite, te de más entendimiento y sabiduría; la segunda, planifica para adiestrarte en lo que requieres. Puedes establecer una agenda donde indiques que cosas entiendes te hacen falta para concretar tu meta. Luego investiga alguna información sobre lugares donde ofrecen lo que buscas o como puedes obtenerlo y verifica los costos si hay alguno. Establece algún análisis de tu economía, fíjate metas a corto y largo plazo. Tu sacrificio y empeño no será en vano. Comunica tu sueño a aquellos que se vean afectados de manera cercana para que formen parte directa o indirecta de tu plan a seguir. Verás que siempre recibirás ayuda y que no estás solo en tu desempeño. Así que hacia adelante, te espera un mundo de desafíos y posibilidades donde comenzarás a establecer las bases de tu llamamiento. Josué tuvo que estar una vida al lado de Moisés para aprender en cuanto a la Ley de Dios y su poderío. Fue un varón con espíritu de liderazgo y emprendedor como hombre de guerra (Números 27: 18 al 23). Quiero dejarte esta palabra de aliento y fortaleza:

> *Jehová es tu guardador; Jehová es tu sombra*
> *a tu mano derecha. El sol no te fatigará de día,*
> *ni la luna de noche. Jehová te guardará de todo*
> *mal; El guardará tu alma. Jehová guardará tu*
> *salida y tu entrada desde ahora y para siempre.*
> **Salmos 121: 5 al 8**

Posesión y Gobierno

Un gran líder tiene la facultad de mando y de poder. Para establecer un reinado se debe poseer ya sea por herencia o legado un territorio o estado. A Josué le fue entregada una posesión de territorio por promesa de parte de Dios. Moisés ante el pueblo de Israel le impuso las manos y lo declaró como su sucesor para que cumpliera el mandato de hacerlos entrar en posesión de la tierra prometida de Canaan. Para cumplir con esta encomienda Josué tuvo que planificar estrategias de guerra, ejecutar enfrentamientos contra todos sus adversarios y entre estos luchar contra 31 Reyes (Josué 12: 7 al 24). No solo enfrentó a sus adversarios fuera del pueblo de Israel sino también dentro del pueblo. Luchó contra toda adversidad ante la oposición, la falta de visión y de fe en cuanto a la posesión de las tierras y especialmente ante su llamamiento como líder escogido por Dios ante el pueblo de Israel. Estableció un gobierno bien estructurado y organizado para poder repartir las tierras a las diferentes tribus del pueblo. La constancia y la perseverancia fueron dos características desarrolladas en el carácter de Josué para lograr su triunfo. Confió en las palabras de Dios y fue valiente hasta alcanzar la victoria. Lo imposible a los ojos de muchos, ya era realidad en los ojos de Dios y Josué solo le quedó aplicar los pensamientos del que lo llamó. Es tu deber conocer el pensamiento de Dios para ti, y esto lo logras buscando conocerle por medio de su palabra y acercándote a él en oración con un corazón integro y transparente. La valentía se obtiene y se desarrolla ante el enfrentamiento de las adversidades. Si no luchas, no obtienes la conquista. Si no luchas, no podrás gobernar. La autoridad ya la tienes, no tienes que pedirla. Esta te fue otorgada por el Padre por medio de la sangre de Jesús. Vive en victoria, la derrota no está señalada para ti en la visión de Dios. Recuerda, el reinado de Dios es eterno y esa eternidad ha sido dispuesta para los que creen en él y le buscan. Dios es gobernador de todo lo invisible e invencible. ¿Qué esperas? ¡Conquista!

Capitulo VIII

DETERMINACIÓN EN MEDIO DE LA MISERIA

(Ir)

Respondió Rut: No me ruegues que te deje, y me aparte de ti;
porque a dondequiera que tú fueres, iré yo, y dondequiera que
vivieres, viviré. Tu pueblo será mi pueblo,
y tu Dios mi Dios. Donde tú
murieres, moriré yo, y allí seré sepultada;
así me haga Jehová, y aun
me añada, que sólo la muerte hará
separación entre nosotras dos.
Rut 1:16 al 17

En cierta ocasión escuchaba a un hombre expresar que en una situación de su vida llego a sentir una necesidad tan extrema que él no se consideraba un miserable sino una persona menesterosa. El señalaba que en un momento su vida estaba tan mal en todas las áreas que desfallecía. Su economía estaba por el suelo porque no tenia trabajo. La relación con su esposa pendía al borde del divorcio, debido a las peleas y discusiones frecuentes que tenían. Todo su estado de ánimo estaba sin deseos de seguir hacia adelante ya que no veía alguna solución a sus problemas. Esto lo llevó a tener problemas sicológicos y emocionales que se reflejaban en su físico (entró en un estado de depresión). No encontraba consuelo en nada, ni en nadie y su vida espiritual estaba vacía. Por eso se llamaba a sí mismo un hombre menesteroso por estar en la máxima vivencia de la pobreza total y en un dolor muy profundo. Al escuchar su relato me sentí muy conmovida, apenada y hasta sorprendida. Me preguntaba, ¿Hasta que punto puede un ser humano resistir toda esa destrucción? ¿Qué lleva a una persona a vivir y a pasar una vida tan deplorable y desequilibrada? Pude imaginar su dolor y lo único que pude exclamar fue: "Señor, ayúdalo y ten misericordia de él. Sácalo de su condición y restablécelo a una posición de bendición". Más adelante pude entender que este hombre, durante ese momento tan desastroso de su vida, no tenía ninguna esperanza de vida porque no conocía a Dios. El hombre continuó con su relato indicando que tuvo que detenerse a pensar, mirar al cielo y pedir ayuda, ya que él entendía que por lo que había escuchado existía un Dios, el cuál nunca estuvo en su corazón. Tomó la decisión de encomendarle su vida a Jesucristo, el Hijo de Dios, y comenzar un nuevo proceso de levantamiento y restauración de todo en su vida. El comprendía que el panorama que se presentaba no era fácil, pero pensó que si Dios creó los cielos, la tierra y al ser humano, entonces sería tan poderoso para ayudarlo a salir de su miseria. Por testimonio de él, pasó a ser de un hombre menesteroso a un hijo legítimo con todos los derechos legales de su padre Jehová, por medio de la herencia a través del sacrificio de la sangre de Jesús. Vino a pasar de ser moribundo a ser un sobreviviente, de pobreza a riqueza en todos los aspectos de su vida. Restableció su hogar, su familia, su empleo, sus condiciones físicas y sicológicas y ya no le aquejaba el vacío en su corazón porque sentía amor, paz y llenura de gozo por medio de la palabra de Dios a través de su Espíritu Santo. Este hombre comenzó a sentir en su vida las bendiciones de Dios a plenitud.

En la historia de Rut se ve claramente lo que es saber tomar sabias decisiones que cambiarán el transcurso de todo una vida y una generación. Esta mujer vino a formar parte de la línea genealógica de Jesucristo al casarse con Booz (Rut 4: 18 al 22). Rut fue nuera de Noemí. Noemí quedó viuda al morir su esposo Elimelec, el cuál era de Belén de Judá. Luego se le mueren a Noemí sus dos hijos, Quelión y Mahlón quedando esta desamparada y sin descendencia ya que Rut y Orfa su otra nuera, no habían tenido hijos. Esta situación ocurre en medio de una gran hambre que sucedía en la región de Moab. Noemí escuchó hablar que en la tierra de Belén, Dios había suplido alimentos y no teniendo otra alternativa, decide ir a este lugar. En un momento del camino Noemí le dijo a sus nueras que volvieran a su tierra y rehicieran su vida buscando marido y las bendijo luego de besarlas. Orfa decidió regresar a la casa de sus padres, pero Rut se quedó con Noemí. Rut le aceptó y declaró a Noemí lo siguiente: que ella estaría al lado de Noemí no importando a donde fuera, la nacionalidad de Noemí vendría a ser la de ella, y su Dios sería el de Rut. Esta mujer estaba tan decidida en seguir a Noemí que estaba dispuesta hasta morir y ser sepultada donde muriera esta.¡Impresionante! ¿No? Rut es el tipo de ser humano que se desprende de toda su identidad para asumir todo lo que conlleva una nueva vida. Rut tomó la decisión bajo un solo propósito, estar dentro de la bendición de Dios. El trato que le propuso Noemí a Rut fue algo justo, pero esta no buscaba que se realizara justicia con ella sino que se concretara en su vida lo necesario para alcanzar la bendición que ella sabia tenían los herederos del pueblo de Israel. Una mujer muy inteligente y visionaria. En algún momento Rut tuvo que conocer de las grandezas y milagros por las cuales pasó el pueblo de Israel. Aún bajo la situación de escasez de alimento que enfrentaban ambas, Rut pudo entender que Noemí sabía moverse en fe, tomando riesgos para poder llegar a Belén y buscar la provisión de Jehová, aunque le aquejaba la tristeza por la perdida de su marido y sus dos hijos. Ambas supieron enfrentar la adversidad apoyándose en la esperanza de Jehová Todopoderoso. Ya instaladas en Belén, Rut buscó trabajo en el campo recogiendo espigas de granos de cebada y trigo. Booz quién era pariente de Abimelec, se fijo en ella. El conocía todo el cuidado que Rut tuvo hacia Noemí y a todo lo que renunció para empezar una nueva vida. El corazón de Booz quedó enamorado de Rut y esta halló gracia delante de él. Este le permitió recoger espigas al lado de sus criadas y comer de los dispuesto para sus trabajadores. Luego de varios sucesos Booz se casó con Rut, restituyendo la parentela de Noemí y posicionando a Rut como una persona creyente bajo el pacto de Jehová para el pueblo de Israel. Al final del libro de Rut se muestra que ella le da un hijo a Booz llamado Obed quién fue abuelo del Rey David, sobre el cual continuó reposando el pacto de Dios y sus promesas de bendición. Por la decisión que Rut tomo de dejar toda su vida pasada, vino a ser: "linaje escogido, real sacerdocio, nación santa y pueblo adquirido por Dios" (1 Pedro 2: 9). Ella se encamino hacía una nueva y maravillosa vida. Tuvo que ir detrás de un sueño, salir de su miseria y enfocarse en lo porvenir al lado de su nuevo Dios.

Para que la vida del ser humano entre dentro del propósito de su Creador tiene que comenzar a aplicar principios básicos y necesarios que lo ayudarán a realizar el mismo. Hay que despojarse de todo lo que es común alrededor de su entorno y adoptar cosas necesarias las cuales son de bienestar. La toma de decisión de ir, permanecer en la palabra dada o recibida mostrando seguridad, hará que no halla límites en cuanto a las bendiciones que se han de manifestar.

Despojarse y renunciar

El acto de despojarse ante todo lo común de la vida implica la renuncia a todo lo que es cotidiano. Al despojarte comienzas a entrar en un proceso de humillación y de falta de defensas. Y esto no es nada malo ya que cuando tu comienzas a vivir bajo humildad, Dios comienza a bendecírte en abundancia. La altivez es algo que no agrada a Jehová, eso lleva a la rebelión que es desobediencia y a lo corto o largo del camino te lleva a la caída espiritual y física. Dios busca corazones sensibles y humillados que puedan dejarse guiar por su Espíritu Santo para que puedan alcanzar la herencia eterna que ya ha sido dada por él. Al tu despojarte ante Dios le estás diciendo que solo él tiene el dominio sobre ti y que confías en su soberanía y su poder. En el caso de Rut esta dejó todo atrás y siguió de manera confiada a su suegra Noemí, ya que ella conocía que al Dios que le servia Noemí era un Dios real. Rut entregó su vida completamente al servicio de Noemí sin importar lo que le podría sobrevenir, y solo se afirmaba en unos cuantas declaraciones: "Tu nacionalidad es mi nacionalidad y tu Dios será mi Dios". Esas declaraciones con el pasar del tiempo establecen un sello de separación (lo viejo, lo común) y unión (lo nuevo, lo necesario) en la vida de Rut al punto que formó parte de la genealogía de Jesús el Hijo de Dios. Con una sabia decisión Rut estableció su destino hacia la eternidad de un Padre Supremo, quien por medio de la entrega de su amado hijo, este viene a ser el Salvador de la humanidad. Puedes observar lo que implica una toma de decisiones en obediencia bajo el llamamiento de Dios. Mi Dios esta pasao... admiro su conocimiento y su sabiduría.

Cuando te despojas estas desnudo ante tus fortalezas mentales y físicas. Comienzas a pasar por un nuevo proceso de formación en todas las áreas de tu vida. Lo mejor de todo esto es que Dios es tu diseñador y por consiguiente es el que ha de cubrir tu desnudez. Con lo primero que comienza a trabajar en tu cuerpo es con tu corazón, así como lo hizo con Adán y Eva en el Huerto del Edén. El viene a llenarte tu corazón con su perfecto amor. Luego sigue con tu mente. Como Padre de todo conocimiento te enseña lo que debes pensar (la mente de Cristo en ti) y como debes actuar (te lleva a crecer en sabiduría, estatura y gracia con él primeramente y luego con los hombres). Las vestiduras de Jehová son perfectas, sin manchas, relucientes y no se desgastan, sino que se renuevan cada día en ti. Con todo esto que he expuesto lo que te quiero mostrar es que al despojarte de todo lo que eres tu, vienes a permitir que la grandeza de Dios se establezca en tu vida, donde vas a ser bendecido de manera sobreabundante. Rut lo hizo y su presente vino a ser uno victorioso. Fue posicionada en el reino de Dios, bajo el llamamiento correcto para ser parte de la historia de Jesús, el gran Amado de las almas.

Es necesario renunciar a todo aquello que estorbe en el camino para el cual fuiste llamado. Renuncia, quizás te duela un poco, los cambios siempre duelen, las modificaciones incomodan, pero lo importante de todo esto es que cuando mires hacia tu pasado te darás cuenta que era necesario avanzar sin ese equipaje viejo, desgastado y común para poder alcanzar las grandezas satisfactorias que estaban reservadas para ti. Entonces tu serás bendecido y podrás bendecir a otros.

¿Menesteroso o próspero?

No se puede vivir permanentemente en un estado de miseria. Hay que decretar un mandato de no a la pobreza en todas las áreas de la vida. Es necesario trabajar en el panorama de nuestra vida. En ocasiones hay que tomar riesgos, hasta llegar a la meta. El discernir los tiempos para el cumplimiento de las cosas en nuestra vida nos toca a cada uno de nosotros, por eso fuimos dotados de inteligencia y señorío. Rut y Noemí decretaron para ella abundancia al salir de Moab. Fueron a Belén, allí comenzaría un nuevo principio de vida para ambas. No se quedaron a morir en medio de su miseria sino que avanzaron hacia algo mejor. Para ellas una vida retrograda no estaba en sus agendas. Muchas veces vivimos la vida quejándonos de nuestra situación económica y nos encontramos miserables y hasta nos cuestionamos porqué es así. Pero no nos detenemos a pensar que esta fue nuestra decisión de vida. Sí y digo nuestra porque en muchas ocasiones caminamos como cordón suelto por ahí, buscando a quien echarle la culpa de nuestras malas decisiones sin tomar en cuenta lo que hemos aportado para que nuestra vida sea como es. Dios no es un Dios de mediocridad, sino de perfección y abundancia. El es Dios de toda plenitud, en él no hay ningún tipo de carencia. ¿Bajo que cobija tu te estas guardando? Vivir bajo bienestar físico y material no es nada malo, siempre y cuando no se convierta en idolatría o pecado al inclinar tu corazón para que te dominen los deseos materiales de la carne. Aprovecha el tiempo, en la historia bíblica de la viuda que dio todo lo que tenia cuando echó dos monedas en la cesta de las ofrendas (Lucas 21: 1 al 4), esta vino a entregar delante de Jesús todo su agradecimiento pero también toda su pobreza. Ya es tiempo de que entregues toda tu pobreza a Dios y dejes de ser un menesteroso para ser una persona próspera y con abundancia. Esto no es para que te conviertas tampoco en una persona glotona de prosperidad y abundancia sino para que compartas tu pan con lo que en un tiempo estuvieron como tu en la miseria. Los cielos están abiertos para ti con ricas bendiciones de parte de Dios y no hay porqué temer.

Si fueres limpio y recto, ciertamente luego se
despertará por ti, y hará próspera la morada de
tu justicia. Y aunque tu principio haya sido
pequeño, tu postrer estado será muy grande.
Job 8: 6 al 7

Discernir los tiempos

Rut y Noemí tuvieron que salir de Moab donde habitaba la pobreza para ir hasta Belén (significa Casa de Pan) donde se encuentra no solamente el alimento físico sino también el alimento de vida por medio de un Dios proveedor, el cuál las restituyó en gracia y bendición hacia las nuevas generaciones. No crees tú que es momento de ir hacia tu llamamiento para obtener toda la satisfacción de vida que deseas y has esperado por mucho tiempo. Tienes que caminar hacía el propósito de vida señalado para ti hasta ejercerlo y más adelante obtener la recompensa de parte de Dios. Detenido no harás nada más que un hueco en la tierra. Es tiempo de ir, camina y no te detengas. Las fuerzas Jehová te las dará, su ángel te guiará y en medio de ese caminar también tendrás descanso y fortaleza. Una vez internalizes que este es el tiempo de Dios puesto en ti no tendrás duda de avanzar a realizar esa gran pasión y encomienda que fue diseñada bajo un plan de perfección para ti. El discernir los tiempos implica saber que es bueno para tu llamamiento ministerial y que no lo es. La acción de discernir te lleva a actuar bajo la bendición y propósito de Dios, bajo su cobertura ya que estarás manifestando la obra primeramente en el mundo espiritual y luego en lo terrenal. El poder discernir te mantendrá en la visión correcta y tu paso será ordenado. No desmayes, no desistas es grato recorrer el camino y serán grande las experiencias que obtengas en el paso del tiempo por el recorrido.

> *Los que sembraron con lágrimas,*
> *con regocijo segarán. Irá andando*
> *y llorando el que lleva la preciosa*
> *semilla; mas volverá a venir con*
> *regocijo, trayendo sus gavillas.*
> *Salmos 126: 5 al 6*
> **Caminar bajo el propósito**

Una vez comiences a caminar bajo el propósito de Dios no puedes detenerte a perder el tiempo. Se necesita un paso consistente, fuerte y determinado. Este caminar viene a ser parte de tu forma ya definida por el Señor. Las capacidades, aptitudes y cualidades que te definen como persona tendrán un valor muy importante en el sostenimiento de tu paso por el camino. Y si confías en Dios tu carga será ligera y tu yugo fácil (Mateo 11:30). No te cansarás ni desmayarás porque Jehová estará contigo siempre (Isaías 42:4). Cuando camines, mira hacia al frente no importando lo que veas. El caminar y llegar a la meta es solo para gente esforzada y valiente. No para cobardes y gente de doble ánimo. En el caminar quizás tengas momentos de desierto pero espera en Dios, todo es parte del llamamiento profético para tu vida y vencerás por medio de las promesas de su Palabra. Da un paso a la vez. Cada experiencia al caminar es algo nuevo y disfruta tus pisadas, estas marcando la historia de toda tu generación. El polvo de tus pisadas te hará recordar tu creación y tu destino, pero más que eso, el servicio que permanece en el corazón de cada peregrino que encuentres en el camino. Hay muchos que necesitan de ti, para conocer a Dios. Rut pudo llegar junto a Noemí y fructificarse en la tierra de Belén, tu también podrás. Mantente en el camino y no te detengas hasta que llegues a cumplir el llamamiento de Dios en tu vida.

¿Quién es sabio para que entienda esto, y prudente para que lo sepa? Porque los caminos de Jehová son rectos, y los justos andarán por ellos; mas los rebeldes caerán en ellos. Óseas 14: 9

El corazón del hombre piensa su camino; mas Jehová endereza sus pasos. Proverbios 16:9

Capitulo IX

SIN IMPORTAR EL QUE DIRÁN

(Agradecimiento)

Entonces María tomó una libra de perfume de nardo puro,
de mucho precio, y ungió los pies de Jesús, y los enjugó con
sus cabellos, y la casa se llenó del olor del perfume.
Juan 12:3

Durante el periodo de mi adolescencia vi una película que trataba sobre la relación de una pareja durante el periodo de la 2da Guerra Mundial. Se evidenciaba en la película que existía una escasez de artículos para el aseo personal de las mujeres. Pero el actor principal quién era un soldado consiguió por contrabando un envase con polvo perfumado para su amante. Al ella recibir el regalo lo abrió apresuradamente y al notar que era un polvo perfumado se llenó de tanta alegría que tuvo que expresar su gratitud hacia su amante con varios besos por toda su cara. Y una vez terminada la muestra de afecto se sentó a aplicarse el polvo en su pecho. Ella mostraba una gran satisfacción y se deleitaba cada vez que se aplicaba el mismo. Esto lo hacía suavemente para poder extender las sensación de placer y alegría que la embargaba. En otra ocasión tuve la oportunidad de ver el derramamiento de aceite ungido sobre unos pastores en la instalación como ministros ordenados en una iglesia. Esta experiencia me impactó ya que nunca había visto nada igual. Colocaron plástico por casi todo el altar, luego pusieron a los pastores en el centro donde estaba el plástico y la persona que los instalaba como ministros derramaba una cantidad grande de aceite sobre sus cabezas. Mientras realizaba la unción declaraba palabras de promesas y de profecía sobre ellos. Al hacer esto ambos pastores cayeron al suelo bajo una poderosa manifestación mística. El aceite tenia especias aromáticas y esto provocó que el lugar completo se llenara de un olor grato y peculiar. Podía mirar algunos rostros en la escena y me percataba que al igual que yo otros estaban sintiendo una poderosa unción a nivel espiritual que provenía de parte Dios. Fue maravilloso pasar por tal situación. Cuando leo en la Palabra de Dios el relato de María la mujer que ungió a Jesús antes de su sepultura, me acuerdo de estos sucesos. Imagino a María acercándose a Jesús con un sentir en su corazón que sobrepasaba el entendimiento de aquellos que la conocían y observaban. Al acercarse al Maestro tuvo que romper con los marcos sociales y religiosos de su época. Permitiéndose mostrar un afecto natural y sin malicia para aquél hombre que la libertó de toda opresión espiritual y física, sanó su corazón y la posicionó haciéndole ver su valor como mujer.

Los marcos sociales y religiosos

No hay cosa mas mala que vivir bajo un marco de religiosidad mental donde solo abundan los pensamientos de que todo es malo, pecado, quejas y señalamientos de doctrinas impuestas por el hombre. Un verdadero seguidor de Jesús no vive bajo un marco de religiosidad o legalismo ya que Dios no necesita que se le añadan mas versículos de doctrinas a su palabra bíblica. El hombre se ha empeñado en cancelar por medio de doctrinas erradas y puritanas la verdad de la palabra de Dios que es vida abundante. En el tiempo donde ocurre el suceso de la unción de los pies de Jesús por medio de María la norma establecida por los conocedores de la ley no dicta mucho de los sucesos que se ven hoy en día, ya que sigue la hipocresía, el interés, el desorden y la falta de respeto de muchos que dicen ser hijos del Dios Altísimo. El corazón de una mujer que dispone en una acción de entregar todo su amor y agradecimiento es algo digno de admirar y valorar. Cuando nos acercamos al Maestro Jesús tenemos que hacerlo con un corazón desprendido y una mente dispuesta sin estructuras definidas por el raciocinio del hombre. Es una entrega con disposición sin importar el que dirán o cuanto me costará este acto. Dios se encargará de dirigirte hacia todo aquello que tu necesitarás en el camino de tu llamamiento y de multiplicar todo lo que tu has dedicado a él. Cuando haces las cosas que Dios te mando a hacer con un corazón desprendido, a él le corresponderá galardonarte bajo su gracia. Nunca permitas que otros dicten la norma de libertad y vida que tu debes llevar en la vida. Para eso tienes la palabra de Dios. Conócela y así evitarás la manipulación y el egoísmo de otros, áreas de actitudes que tu no debes copiar sino condenar. Hay buenos maestros que viven la palabra como tiene que ser, de una forma ordenada y verdadera. Pero yo te recomiendo que no te conformes con solo escuchar sino busca profundizar en la palabra de Dios bajo la guianza de su Espíritu Santo. El tiene muchas cosas que revelarte que necesitarás mas adelante en el proceso de la ejecución de tu llamamiento.

No te detengas, mantente en los pies del Maestro, ofrece tu mejor perfume de adoración y servicio apartado de la iniquidad y no te impongas tu ni dejes que otros te impongan marcos sociales ni religiosos.

Sumamente pura es tu palabra,
y la ama tu siervo. Salmo 119:140

El valor de tu perfume

La acción de María fue una que expresaba su sentir desde lo más profundo de su alma. Fue una manera de agradecer a Jesús todo lo que éste había hecho por ella. María no puso límites al valor del perfume ni de lo que representaba, ella solo quería darle lo mejor y más valioso que tuviera a Jesús. Siempre he establecido una relación entre el perfume de nardo puro y el alma de María, ambos tuvieron la sustancia de ser extracto puro. Solo un corazón agradecido y puro puede entender la obra maravillosa de Dios hacía nosotros al mostrarnos a su Hijo y utilizarlo por su amor como un canal de salvación y bendición. La pureza de corazón debe permanecer en nosotros a pesar de las circunstancias que se enfrenten en la vida y en el caminar de nuestro llamamiento.

Como parte de mi adoración a Dios en repetidas ocasiones le muestro mi gratitud por salvarme. Doy gracias a Dios en todo tiempo. Desde niña escuchaba historias de Dios, de Jesús su hijo y del Espíritu Santo de Dios, pero no fue hasta la edad de 13 años que pude conocerle y permitirle que llenara mi corazón con su amor por medio de la fe. Al igual que María tuvo un encuentro con Jesús yo también lo tuve y desde entonces mi vida ha sido otra. He tenido mis tropiezos, bajas a nivel espiritual pero sus palabras y su existencia nunca han dejado de permanecer en mí. Dios estableció una marca entre mi pasado y mi presente. Bajo mi presente es que me estoy moviendo hacia todas aquellas bendiciones que él tiene para mi vida. El ha hecho un llamamiento para establecer una visión con un propósito único en todo mi ser. Este llamamiento ya fue establecido desde la realidad eterna del Todopoderoso en la cual todo es verdad y se actúa bajo una regla de fidelidad por parte de Dios. Ofrezco a mi Señor mi mejor perfume, el de mas valor y rico aroma. Te invito a que con tu fragancia de pureza de corazón unjas los pies del maestro y que el pueda sentir la reciprocidad de tu amor hacia él, estableciendo por medio de este acto un nuevo camino bajo el propósito de Dios saliendo de lo común a lo necesario. No seas una persona tímida delante de Dios, el solo quiere tu valentía hacia todo lo que emprendas bajo su llamamiento.

El deseo que arde en ti para la realización de un sueño es algo que fue definido por Dios desde la eternidad. Esa realidad fue impartida bajo un principio de amor. Por amor María se acercó, se postró ante Jesús y con su cabello enjugo los pies del maestro. Esto es una muestra de humildad y servicio. Hay que recordar siempre que en la ejecución de tu llamamiento debes mantener una actitud de humildad y de servicio con aquellos que te relaciones. Al ser humano le cuesta trabajo dejar el orgullo a un lado para proseguir en los caminos de la vida. Esto es porque tienen en su pensamiento y en su corazón una barrera contra todo lo que puedan interpretar como invasivo. No debes permitir que el orgullo, el rencor y las burlas dañen primeramente tu corazón y muchos menos la confianza que tienes en relación a la palabra que te fue dada.

Criticas en el ministerio

Entiende que siempre habrá criticas hacia tu ministerio. Mantente confiado, las criticas sean negativas o positivas siempre te ayudarán a crecer intelectualmente y en sabiduría. Recuerda que es necesario que el fruto del Espíritu Santo de Dios se manifieste en ti. La critica permitirá y ayudara a establecer una estructura de carácter en tu personalidad. Jesús el Hijo de Dios nos modeló su vida como ejemplo de constancia en el establecimiento del reino de Dios. Una persona con un corazón humilde arrastra multitudes hacía su meta, permitiendo que se desarrollen y logren ser mejores seres humanos y servidores. Una persona que sabe aceptar la críticas es un triunfador con una visión definida bajo sabiduría y permanencia en el plan eterno de Dios.

Comunica gratitud

Y por supuesto comunica tu gratitud a otros, es necesario que lo hagas porque algunas de estas personas son las que permanecerán cerca de ti apoyándote para realizar tu llamamiento. Es muy hermoso tener un corazón agradecido sin celos o envidias y con transparencia. Me gusta la palabra de Dios en el libro de los Hechos de los apóstoles donde menciona que él no hace acepción de personas, sino que en toda nación se agrada del que le teme y hace justicia. (Hechos 10:34) y donde dice que de lo vil del mundo y menospreciado escogió Dios para avergonzar al mundo (1 Corintios 1:27). Es decir no podemos estar delante de la presencia de Dios sin un corazón lleno de gratitud. En otro tiempo estábamos en grandes aprietos y males, allí nos fue a encontrar Jesús para restaurarnos y restituirnos. Nos resta mostrar ese agradecimiento a favor de otros para que participen con nosotros de su inmenso amor.

Sino que lo necio del mundo escogió Dios,
para avergonzar a los sabios; y lo débil del
mundo escogió Dios, para avergonzar a lo fuerte;
y lo vil del mundo y lo menospreciado
escogió Dios, y lo que no es, para deshacer
lo que es, a fin de que nadie se jacte en su
presencia. 1 Corintios 1:27 al 28

Luego de que recibas ayuda te toca el tiempo de dar, esto es servir. Yo tengo una frase para expresar esto: "Comparte tu pan con otros y bendícelos".

Al hablar de entrega en el servicio ministerial se establece paralelamente el dar en abundancia. En el servicio al ministerio de Cristo no se pueden venir con migajas, vagancia, dejadez y con un sentido de desvalorización. La obra de Dios es perfecta, santa y recta. Todo le pertenece a Dios. Tu no tienes nada, ya que todo lo has logrado bajo la decisión permisiva de Dios. ¿Qué te parece?

Gigantes internos y externos

María se enfrento al que dirán de todos sus espectadores, aún así prosiguió hasta llegar al Maestro. María removió sus gigantes internos (sus temores, preocupaciones, limitaciones) para luego poder enfrentar a los gigantes externos que son todas aquellas personas y cosas que le impedían avanzar hacia su llamamiento. Tuvo que derrotar el formalismo, las apariencias, las murmuraciones y todo aquello que pudiera derrotar la expresión de su nueva vida. Todo individuo tiene que aprender a valorizarse, entendiendo que uno es lo más preciado bajo la creación de Dios. Nunca olvides pagar tus votos al Altísimo. Dios es bueno.

Al implantar su visión de vida en ti, Dios espera que tu la desempeñes y te realices como ser humano en todas las áreas posibles. No te detengas, tienes una visión y hay un fuego dentro de tu ser que te consume. Ve hacía adelante realizando todos los actos necesarios para alcanzar la meta establecida. Sé que has aprendido a diferenciar lo común de lo necesario. ¡Has sido encontrado apto para tu llamamiento y te encaminas a realizarlo! Mantente siendo un triunfador.

Dad gracias en todo, porque esta es la voluntad
de Dios para con vosotros en Cristo Jesús.
1 Tesalonicenses 5: 18

Maribel Ayala

Bibliografía

Santa Biblia, versión Reina Valera (Revisión de 1960), Sociedades Bíblicas Unidas.

Diccionario Vox, lengua española, decimocuarta edición, (reimpresión 1994)